D1705833

Kohlhammer

Das Jugendalter

Herausgegeben von Rolf Göppel

Eine Übersicht aller lieferbaren und im Buchhandel angekündigten
Bände der Reihe finden Sie unter:

 https://shop.kohlhammer.de/das-jugendalter

Der Autor

Dr. Carsten Gennerich ist Professor für Evangelische Religionspädagogik an der Pädagogischen Hochschule Ludwigsburg. Seine For-
schungsschwerpunkte sind empirische Religionspädagogik, Werte-
und Lebensstilforschung sowie Jugend und Religion.

Carsten Gennerich

Die Jugendlichen und ihr Verhältnis zu Glaube, Religion und Sinnsuche

Verlag W. Kohlhammer

1. Auflage 2023

Alle Rechte vorbehalten
© W. Kohlhammer GmbH, Stuttgart
Gesamtherstellung: W. Kohlhammer GmbH, Stuttgart

Print:
ISBN 978-3-17-030228-0

E-Book-Formate:
pdf: ISBN 978-3-17-030229-7
epub: ISBN 978-3-17-030330-0

Inhalt

1 Einleitung

In vielfältiger Weise lassen sich in unserer Gesellschaft Prozesse der Säkularisierung erfahren. Viele religiöse Praxen werden in den Familien nicht mehr tradiert und religiöse Vorstellungen gelten mitunter als beliebig. Religion scheint in der Gesellschaft an Bedeutung zu verlieren. Gleichwohl sind Glaube, Religion und Sinnsuche im Kontext der Identitätsentwicklung von bleibender Relevanz. Denn mit der Entwicklung der Fähigkeit zum abstrakten Denken können und müssen Jugendliche auf neue Weise ihr eigenes Selbst reflektieren. Es werden globale, abstrakte Kategorien auf das eigene Selbst angewendet und die Fähigkeit zur Perspektivenübernahme fordert heraus, die Sichtweise der anderen über die eigene Person zu bedenken, sodass die Frage der Selbstbewertung für Jugendliche thematisch wird (Gennerich, 2010a, S. 66). Jugendliche entdecken, dass das, was früher verbindlich erschien, doch auch anders sein könnte (hypothetisches Denken, Übernahme der Perspektive anderer Gruppen), sodass Institutionen und Traditionen in Frage gestellt und auf ihre Belastbarkeit hin geprüft werden (Gennerich, 2010a, S. 130). Mit der Fähigkeit zur Perspektivenübernahme werden auch die Urteilsperspektiven anderer rezipiert, sodass sich die Frage der Anerkennung der eigenen Person stellt (Gennerich, 2010a, S. 175). Jugendliche müssen sodann langfristige Ziele fokussieren (Partnerschaft, Familie, Beruf), sodass das Bedürfnis danach steigt, dass sich langfristige Investitionen (z. B. in Bildung) auch auszahlen. Damit wird die Frage der Gerechtigkeit in der Welt für Jugendliche besonders relevant (Gennerich, 2010a, S. 218). Mit der Fähigkeit zum abstrakten und hypothetischen Denken können Ziele und Hoffnungen für die Zukunft formuliert und zugleich Konflikte mit der Realität prägnant wahrgenommen werden, sodass sich die Aufgabe stellt, positive Zukunftsperspektiven in Auseinandersetzung mit den vorfindlichen Möglichkeiten zu konstruieren (Gennerich, 2010a, S. 265). Schließlich ist das Jugendalter durch eine Erweiterung der sozialen Rollen geprägt, sodass für neue Lebenswelten ethische Orientierungen ausdifferenziert werden müssen (Gennerich, 2010a, S. 349). Mit all diesen Fragen und Aufgaben wird die Sinnkonstruktion Jugendlicher herausgefordert. Die religiöse Tradition stellt dafür vielfältige Ressourcen für eine entwicklungsförderliche Bearbeitung bereit, sie kann aber auch z.B. gesellschaftliche Partizipationsperspektiven blockieren (vgl. Gennerich, 2010a). Es ist daher kaum verwunderlich, dass die Religiosität Jugendlicher mit ihrem Wohlbefinden und ihrer Fähigkeit zum Dialog mit fremden Personen und Kulturen in Beziehung steht (Streib & Gennerich, 2011, S. 131–142 u. 165–178).

Das Verhältnis Jugendlicher zu Glaube, Religion und Sinnsuche ist entsprechend komplex und das Forschungsfeld unübersichtlich. Denn individuelle Entwicklungsfaktoren und gesellschaftliche Veränderungen, die den deutschsprachigen Raum betreffen, haben einen signifikanten Einfluss darauf, in welcher Weise Jugendliche ihre Sinnfragen mit Rückgriff auf religiöse Traditionselemente bearbeiten. Insbesondere die gesellschaftliche Pluralisierung steigert das Bewusstsein für die Kontingenz religiöser Traditionen, sodass sich Jugendliche individuell zu religiösen Ideen und Praktiken positionieren (müssen). Gleichzeitig wächst das Bewusstsein für die Relevanz des religiösen Feldes angesichts zunehmender interreligiöser Begegnungen in Schule, Beruf und Freizeit. Vor diesem Hintergrund gibt dieses Buch einen wissenschaftlichen Überblick über das Thema Jugend und Religion unter besonderer Beachtung individuell unterschiedlicher Zugänge.

Um dem Anliegen eines Forschungsüberblicks gerecht zu werden, bietet dieses Buch in Kapitel 2 einen theoretischen Rahmen, mit dem das Feld systematisch erfasst werden kann. In diesen Rahmen werden klassische Diskurse des Feldes »Jugend und Religion« integriert: das Verhältnis von Religion und Werten, die Frage religiöser Entwicklung sowie die Bedeutung von Religion und Glaube für die emotionale Selbst-Regulation.

In Kapitel 3 werden zentrale deskriptive Befunde der Religiositätsforschung vorgestellt. Dabei werden die Befunde in einen internationalen Vergleich gestellt und Ergebnisse aus verschiedenen Jahrzehnten repräsentativer Jugendforschung in Deutschland verglichen. So wird der spezifische Zugang gegenwärtiger Jugendlicher in Deutschland zum Themenfeld der Religion profiliert erkennbar.

In Kapitel 4 wird die Bandbreite typischer Selbstverhältnisse zu religiösen Themen dargestellt. Dabei wird besonderes Augenmerk auf Chancen und Gefährdungen der jeweiligen Lebensdeutungen und Sinnkonstruktionen gelegt. In Kapitel 4.1 werden in Bezug auf das religiöse Feld vier Lebensstilgruppen unterschieden. Anhand verschiedener Studien zum Themenfeld »Glaube, Religion und Sinnsuche« werden dann in Kapitel 4.2 die unterschiedlichen Sinnkonstruktionen der Lebensstilgruppen vertiefend herausgearbeitet. Dabei geht es um Unterschiede in der Positionierung Jugendlicher zu Fragen wie »Was ist überhaupt eine religiöse Frage?«, »Im Gespräch mit wem und mit welchen Medien wird Sinn konstruiert?«, »Welches Gottesbild und welche Sinnannahmen werden präferiert?«, »Welche Haltungen werden zur religiösen Vielfalt in Deutschland eingenommen?« oder »Wie stehen die Jugendlichen zum Glauben und zur Partizipation in religiösen Organisationen?«.

In Kapitel 5 werden abschließend pädagogische Perspektiven diskutiert. Unterschiedliche Möglichkeiten der pädagogischen Intervention stehen hier im Fokus. Darüber hinaus werden zum Schluss die gewonnenen Einsichten noch einmal gebündelt zusammengefasst.

2 Theorieperspektiven

2.1 Begriffsklärungen

Die drei Begriffe »Glaube, Religion und Sinnsuche« im Titel dieses Buches lassen sich fachwissenschaftlich kaum voneinander differenzieren. Sie beschreiben unterschiedliche Facetten desselben komplexen Phänomens. In einer ersten vorläufigen Annäherung kann die folgende Differenzierung vorgenommen werden: *Religion* lässt sich als fortlaufende Sinnkonstruktion unter Rückgriff auf einen Möglichkeitsraum verstehen, den religiöse Traditionen bereitstellen. Der Akt der situativ-reflexiven Aneignung bzw. Anwendung religiöser Traditionselemente kann als *Glaube* verstanden werden. Der Begriff der *Sinnsuche* ist offener, da er sich auf unterschiedliche Sinnhorizonte beziehen kann. In diesem Band geht es um die Sinnsuche mit Rückgriff auf einen letzten Horizont.

2.1.1 Religion

Wir beginnen mit einer Klärung des Religionsbegriffs, weil er in der empirischen Forschung etabliert und weitestgehend geklärt ist. Die empirischen Diskurse zum Glaubensbegriff und zum Begriff der Sinnsuche können dann im Kontext des Religionsbegriffs gut verortet werden.

Wie kann Religion angemessen definiert werden? Mit Rückgriff auf die Darstellungen von Feige und Gennerich (2008, S. 17–20) und Streib und Gennerich (2011, S. 13–17) empfiehlt sich eine diskursive Begriffsbestimmung von Religion. Diese lässt sich wie folgt begründen: Wenn Religion lediglich über Traditionsbestände definiert wird, dann bleibt der Rezeptionshorizont der Subjekte außen vor. Nimmt man die Funktionen von Religion für die Subjekte als Maßstab, dann werden mitunter die Bezugsinhalte der Funktionen beliebig. Daher empfiehlt es sich, Religion diskursiv zu bestimmen. Dabei tritt der Anwendungsprozess kulturell vermittelter Deutungsmuster in den Fokus der begrifflichen Erfassung, sodass auch individuelle Formen religiöser Zugangsweisen gewürdigt werden können. Eine solche Definition erscheint besonders geeignet für die Interpretation der gegenwärtigen Jugendkultur. In diesem Sinne beschreibt Matthes (1992) Religion als ein *interpretatives Phänomen* und geht davon aus, dass spezifische Erfahrungen mit Rückgriff auf eine vorhandene »kulturelle Programmatik« in der Selbstreflexion des Subjekts als religiös begriffen und symbolisiert werden. Als »kulturelle Programmatiken« können insbesondere Vorstellungen aus den Traditionen der großen Weltreligionen dienen. Solche Traditionen stellen im gesellschaftlichen Diskurs Deutungsmöglichkeiten bereit. Jedoch erst in der situativen Anwendung einer gewählten Deutung auf eine Erfahrung realisiert sich »gelebte Religion«. Die Bestimmung von Religion als ein diskursives Phänomen legt damit Religion nicht substanziell fest, sondern öffnet Religion als einen Möglichkeitsraum, wobei aus der Programmatik der Tradition kontextuell immer neue Ableitungen und Interpretationen generiert werden können, sodass Religion nicht auf konventionelle Sprachmuster festgelegt werden kann. Der Programmatikbegriff beinhaltet also, dass der Bestand an religiösen Interpretationen inhaltlich nicht abschließend festgelegt ist. Vielmehr kann das Subjekt prinzipiell in einem kreativ-produktiven Prozess neue religiöse Deutungsoptionen entwerfen und sich aneignen. Eine »Neuerfindung des Religiösen als Rekomposition ihrer Elemente« (Knoblauch 2009, S. 26) ist denkbar. Damit erkennt ein solcher Ansatz auch die vorfindliche Praxis der Subjektive in ihrer Eigenständigkeit an (vgl. Streib & Gennerich, 2011, S. 14).

Der so formulierte Religionsbegriff bewährt sich in empirischen Analysen. Feige und Gennerich (2008; Gennerich & Feige 2009) können im Detail zeigen, wie Berufsschüler*innen zwar expliziten religiösen Semantiken kaum zustimmen und insoweit nach einer substanziellen Religionsdefinition über eine konventionelle theologische

Dogmatik als »nicht-religiös« gelten müssten. Dieselben Berufs-schüler*innen bringen jedoch in ihren Einstellungsmustern sehr deutlich zum Ausdruck, dass sie ihr Sein als verdankt erleben. Sie greifen damit auf einen letzten Horizont bzw. die letzte Sinnebene, die das ganze Leben umfasst, aus und machen deutlich, dass sie zu-mindest auf einer emotionalen Ebene um die Vorausgesetztheit und Nichtmachbarkeit eines gelingenden Lebens wissen. In ähnlicher Weise belegen auch die Befunde von Ziebertz und Riegel (2008, S. 207–210), dass explizit kirchlich bzw. christlich konnotierende Einstel-lungsaussagen zwar vergleichsweise wenig Zustimmung finden (z. B. »Gott ist für mich ›der Gott der Bibel‹«, M = 2,43). Aber zugleich finden Formulierungen, die von einem letzten Geheimnis des Lebens und einem Horizont des Unbegreiflichen und Nicht-Instrumentali-sierbaren ausgehen, deutlich höhere Zustimmungswerte (z. B. »Was Gott oder das Göttliche ist, liegt vollkommen außerhalb unserer Vorstellung«, M = 3,59). Die Jugendlichen drücken darin offenbar nicht »Areligiosität« aus, sondern nutzen Deutungsmuster, die im Kontext der christlichen Programmatik die *Transzendenz* Gottes be-tonen (vgl. Streib & Gennerich, 2011, S. 16).

2.1.2 Glaube

Im Rahmen der empirischen Forschung hat die Glaubensdefinition von Paul Tillich eine besondere Überzeugungskraft (Fowler, 1991, S. 26–27; Streib & Gennerich, 2011, S. 15–16). Tillich (1966, S. 155) definiert Glaube zunächst formal, d. h. unabhängig von den Inhalten, die Gegenstand des Glaubens werden können, wie folgt:

> »Glaube ist der Zustand des Ergriffenseins durch das, worauf sich die Selbst-Transzendierung richtet: das Unbedingte in Sein und Sinn. Auf eine kurze Formel gebracht, kann man sagen: Glaube ist das Ergriffensein durch das, was uns unbedingt angeht«.

Der Begriff des Unbedingten kennzeichnet dabei den Inhalt des Glaubens als einen solchen, der gegenüber anderen Wertsetzungen oder emotionalen Erfahrungen einen letztgültigen Status hat, sodass die Person durch das Unbedingte als Ganzes bestimmt wird. Der Begriff des Unbedingten kennzeichnet also die besondere Bedeutsamkeit spezifisch religiöser Erfahrungen. Im Kontext einer Vielfalt von Erfahrungen der Transzendierung des Selbst im Alltag gibt es solche, die uns ganz besonders stark angehen, die lebensbestimmend und identitätsbildend werden. Mit Rückgriff auf den Matthes'schen Religionsbegriff (vgl. Matthes, 1992) kann der Sachverhalt präzisiert werden: Indem Erfahrungen in religiösen Interpretationsprozessen mit letzten Begründungen versehen und in das Sinnsystem einer religiösen Programmatik eingebettet werden, können sie zu unbedingten Verpflichtungen oder ganzheitlichen Sinnerlebnissen werden. Zugleich wird bei Tillichs Definition der Horizont geöffnet für prinzipiell alle Anliegen des Menschen, die das Potenzial haben, zum Unbedingten zu werden, inklusive rein weltlich-immanenter Anliegen wie z.B. Humanität, Frieden, Bewahrung der Artenvielfalt und Begrenzung des Klimawandels. Entscheidend ist also, dass im formalen Sinn jeder Mensch glaubt. Fraglich oder diskutierbar ist nach Tillich lediglich, welchen Wert die konkreten Inhalte des Glaubens haben, wenn man sie kritisch reflektiert (Tillich, 1958, S. 22; 1966, S. 307–314).

Für ein kulturunabhängiges Glaubensverständnis ist eine solche Definition weiterführend, denn sozialwissenschaftliche Theorien streben Allgemeingültigkeit an. James Fowler bewegt sich daher für seine sozialwissenschaftliche Theorie der Glaubensentwicklung auf der gleichen Linie. Er versteht Glaube als

»die Art und Weise eines Menschen oder einer Gruppe, in das Kräftefeld des Lebens einzutreten. Er ist unser Weg, den vielfältigen Kräften und Beziehungen, die unser Leben ausmachen, einen Zusammenhang und einen Sinn zu geben. Der Glaube ist die Weise, in der ein Mensch sich selbst in Beziehung zu anderen sieht, auf dem Hintergrund eines gemeinsam anerkannten Sinns und gemeinsamer Ziele« (Fowler, 1991, S. 26).

Mit Rückgriff auf Arbeiten von Wilfred Cantwell Smith grenzt Fowler den Glaubensbegriff vom Religionsbegriff derart ab, dass Glaube sich auf die persönliche Verwirklichung von religiösen Traditionen im Leben bezieht, wohingegen unter Religion verobjektivierbare Traditionsbestände verstanden werden (S. 31). Glaube versteht Smith dabei sowohl prozessual wie reflexiv, wenn er ihn in den Worten Fowlers definiert als »grundlegendste Kategorie bei der Suche des Menschen nach einer Beziehung zur Transzendenz« (S. 35). Im Kern lehnt daher auch Fowler ein substanzielles Religionsverständnis ab und plädiert für ein Glaubensverständnis, das sich weitgehend mit dem diskursiven Religionsverständnis von Matthes deckt.

2.1.3 Sinnsuche

Der Diskurs zum Sinnbegriff leistet ebenfalls einen wichtigen Beitrag in unserem Zusammenhang, indem er näher klärt, was das spezifische Merkmal religiöser Erfahrungen ist. Denn von ihrer Struktur her unterscheiden sich religiöse Deutungen nicht von anderen Deutungen des Alltags. Knapp kann definiert werden: Religiöse Lebensdeutungen zeichnen sich dadurch aus, dass sie Erfahrungen auf der Ebene eines letzten Horizonts interpretieren (Barth, 1996). Diese Näherbestimmung des Religiösen geht auf die Wissenssoziologie zurück. So bleibt nach Thomas Luckmann (1991), der in der sozialphänomenologischen Tradition von Alfred Schütz steht (vgl. Schütz & Luckmann, 1984), jede Erfahrung ohne Deutung auf ihre unmittelbare Gegenwart beschränkt und ist somit sinnlos (S. 81). Erst in der rückblickenden Deutung der Erfahrung wird die Unmittelbarkeit der Gegenwartserfahrung transzendiert. Luckmann spricht hier von Transzendenzerfahrungen, die er nach der Reichweite ihres Horizonts in kleine, mittlere und große Transzendenzen klassifiziert (S. 166–171). Religion gehört primär zu den großen Transzendenzen, weil sie die Erfahrung in eine Beziehung zum nicht gegenständlich greifbaren Sinnganzen stellt. Jedoch sind nicht alle Erfahrungen großer Transzendenzen religiös. Große Transzendenzen werden religiös, wenn sie in der Sprache religiöser Symbole und Erzählungen gedeutet und kommuniziert werden. Nun stellt sich jedoch die Frage, nach welchen Kriterien Menschen ihre Sinnhorizonte wählen und deren Deutungsinhalte unterscheiden. Verschiedene Theorien zur Selbst- und Weltinterpretation gehen in dieser Frage davon aus, dass Sinndeutungen der Identitätskonstruktion dienen (Weick, 1995, S. 20). Drei zentrale Bedürfnisse seien dabei leitend (Erez & Earley, 1993; Spilka et al, 1985; Taylor, 1983):

1. Das Streben nach Kontinuität, sodass Ziele und Anliegen auch in wechselnden Lebenssituationen Bestand haben können.
2. Das Bedürfnis nach Kontrolle über das eigene Leben, sodass auch unter Bedingungen eines objektiven Kontrollverlusts ein Sinn für Autonomie gewahrt werden kann.
3. Schließlich das Streben von Menschen nach Selbstwert oder der Aufrechterhaltung eines affektiv positiven Erlebens.

Diese Kriterien implizieren, dass es Menschen bei ihrer Selbst- und Weltinterpretation nicht einzig und in erster Linie um Akkuratheit geht, sondern um eine Stimmigkeit, die ihren Bedürfnissen Rechnung trägt. Jedoch können unvorhergesehene Umweltveränderungen auch dazu führen, dass bisherige Interpretationen nicht mehr angemessen sind und Neuinterpretationen notwendig werden. Jugendliche können dabei auf unterschiedliche Verfahrens- und Inhaltsmuster zurückgreifen. Dazu zählen neben religiösen Traditionen auch Weltanschauungen und Ideologien, wissenschaftliche Erklärungsmuster und erfahrungsstrukturierende Narrationen. Sofern die Bemühungen Jugendlicher dabei auf einen »letzten« Horizont zugreifen, können die Deutungen als religiöse begriffen werden (Barth, 1996; Luckmann, 1991). Das bedeutet, dass Deutungsfiguren der religiösen Tradition zwar nicht der alleinige Inhalts- und Deutungsmusterlieferant zur Erfahrungsinterpretation sind. Sie gehören jedoch zu den wichtigsten, wenn es um solche Grenzerfahrungen geht, bei denen auf der Basis eines »endlichen« Horizonts keine Interpretationen gefunden werden können, die den drei genannten Kriterien hinreichend gerecht werden. Es gibt daher eine gewisse kognitive Neigung, Erfahrungen in einen möglichst weiten Horizont zu stellen (Clayton, 1992, S. 131 u. 141; Vallacher & Wegner, 1987).

Allerdings sind Deutungskompetenzen auf der Ebene weiter und letzter Horizonte keine Selbstverständlichkeit. So zeigen empirische Studien einerseits, dass Deutungen auf umfassenderen Sinnhorizonten von Jugendlichen erst in förderlichen organisationalen Kontexten in Auseinandersetzung mit ihrer Umwelt erworben werden (Hofer 1999; Krettenauer 2006; Yates & Youniss 1996). Und auf der anderen Seite gibt es Belege, dass umfassendere Sinnhorizonte vermieden werden, wenn sie mit affektiv negativ erfahrenen Selbsteinsichten verbunden sind (Baumeister, 1990; Streib & Gennerich, 2011, S. 131–142). Das heißt, es gibt offenkundig Erfahrungen verfehlter Standards, die nicht bewältigt werden können, wenn auf höheren Sinnebenen keine religiösen Deutungsmuster wie etwa die »unbedingte Liebe Gottes zum Sünder« zur Verfügung stehen (vgl. dazu Gennerich, 2017a). Es stellt sich die Frage nach möglichen Quellen für umfassendere Sinndeutungen auf der Ebene des Letzthorizonts.

Weick (1995, S. 111–131) unterscheidet verschiedene Vokabularien, die für Sinnkonstruktionen allgemein in Organisationen genutzt werden können. Für den Bereich Religion dürften (a) Tradition, (b) Geschichten und (c) Theologien besonders relevant sein.

(a) *Tradition* kann mit Shils (1981) verstanden werden als etwas, das durch menschliches Handeln, Denken und menschliche Imagination geschaffen wurde und von einer Generation auf die nächste weitergegeben wird (S. 12). Tradition hat damit etwas Stabiles und Stetiges (S. 179) und kommt insofern dem menschlichen Bedürfnis nach Sinn entgegen, der nach Stetigkeit verlangt. Auch nach Wegenast (2002, S. 725) hat Tradition in dieser Linie ihre Funktion darin, dass sie den fragenden Menschen hilft, sich »Inhalte reflexiv anzueignen oder auch kritisch abzuweisen und so zum wirklichen Subjekt seiner Lebensgeschichte zu werden«. Dabei dient Tradition der Entschlüsselung und dem Neuverständnis der gegenwärtigen Wirklichkeit. Erst wenn diese Funktion erfüll sei, geschehe Tradition (S. 725). In diesem Sinne ist Tradition ein sinnerschließender Prozess.

Prozesse der Enttraditionalisierung in der Gesellschaft erfordern jedoch speziell bezogen auf das Jugendalter einige Präzisierungen. Nach Baumeister und Muraven (1996) ist die moderne Gesellschaft geprägt von einem Anwachsen von Entscheidungsoptionen. Das Jugendalter wird entsprechend als Krise der Unsicherheit und der Schwierigkeit, Entscheidungen zu treffen, erfahren. Solche zu treffen, ist jedoch mit einem Dilemma behaftet. Denn vor allem die religiöse Tradition hat relativ zu früheren Gesellschaften an Kraft zur Bereitstellung von Werten und Zielen eingebüßt, sodass es den Individuen an Begründungen mangelt, um ihre Entscheidungen zu steuern und abzusichern. In der Folge fülle das Selbst als neue moralische Größe diese Lücke. Dabei entstehen jedoch neue Probleme, weil das Selbst endlich ist und weil die moderne Gesellschaft das Bedürfnis nach Einzigartigkeit kaum befriedigen kann (Massenmedien und Werbung bewirken ein Ähnlicherwerden der Menschen, mehr Kontakt mit fremden Personen bewirkt eine weniger individuelle Wahrnehmung von Personen). Individuen, die stärker von Tradition geprägt sind, erfahren also die beschriebene Problematik weniger stark. Gabriel (1991, S. 83–84) verweist des Weiteren darauf, dass in der »enttraditionalisierten« Gegenwartsgesellschaft ein Mangel an Tradition vorliege, der sich auf drei Ebenen als Problematik spiegele: (a) Weniger Tradition bedeute zwar ein Zugewinn an Optionen, jedoch zugleich ein Mangel an Orientierung und Bindung für den Einzelnen. (b) Es stehe kein gesellschaftsweit geteiltes Sinnsystem zur Verfügung, sodass der Sinn des »Ganzen« verloren gehe. (c) Es fehle an »Interdependenzunterbrechern« zwischen funktional ausdifferenzierten Teilsystemen« der Gesellschaft (S. 84). Das heißt z.B., der Nutzen einer Flexibilisierung der Arbeitszeit werde nicht »gegengerechnet« in Beziehung auf die sozialen Kosten der Entwicklung.

Englert (2008, S. 88–89) beschreibt die religionspädagogische Seite dieser Problematik: Die Tradition stelle Beziehungszusammenhänge her, die sich nur erschließen, wenn man gelernt hat, Zeitabstände durch intellektuelle Arbeit zu überbrücken. Das erfordere, sich intensiv mit den Zeugnissen der Tradition zu beschäftigen (z. B. der Bibel in der christlichen Tradition). Der hohe Aufwand, um hier Erfolge zu erfahren, sei jedoch in der Gegenwartsgesellschaft nicht mehr selbstverständlich. Vielmehr wenden sich die Subjekte dem zu, was schnell als plausibel erfahren werden kann. Ohne den Aufwand, dass sich das Individuum die Tradition erschließt, könne die Tradition dieses aber auch nicht aus der eigenen Enge herausführen (S. 105). Wie man den damit angesprochen Traditionsverlust auch bewerten mag, in den berichteten Befunden dieses Buches wird sich dieser Sachverhalt in einer beträchtlichen Bandbreite sehr unterschiedlich ausgeprägter Aneignungen religiöser Traditionen bei Jugendlichen spiegeln.

(b) *Geschichten* sind im Kontext von Religion in der Regel ein Element der religiösen Tradition. Sie sind für die religiöse Sinnkonstruktion in mehrfacher Hinsicht relevant (vgl. Gennerich, 2012). Nach Walter Neidhart (1975) ermöglichen religiöse Geschichten, Rollen in der Beziehung zu Gott zu explorieren. Sie stiften damit Orientierung über eine Vielfalt an möglichen religiösen Erfahrungen. Morgenthaler (1999) sieht darüber hinaus ein Potenzial religiöser Geschichten darin, dass sie ermöglichen, jenseits von Konventionen der Selbstdarstellung und des Unerzählbaren in der Gesellschaft emotional belastende Erfahrungen zu erzählen, weil z. B. biblische Geschichten auch Erfahrungen von Schuld, Scham, Neid und Trauer erzählen sowie den Unterdrückten eine Stimme verleihen (z. B. Exodus). In diesem Sinne bieten religiöse Geschichten ein sinnstiftendes Zuhause für marginalisierte Erfahrungen.

Dieses Potenzial beginnen Geschichten insbesondere mit dem Jugendalter zu entfalten. Entsprechend berichten in ihrem Überblicksartikel Habermas und Bluck (2000, S. 759) von der sich erst allmählich entwickelnden Fähigkeit, eine Geschichte auf der Grundlage ihrer Moral zu evaluieren. So benutzten erst 20 % der 13-Jährigen die Moral einer Geschichte zur Begründung des Gefallens (9-Jährige tun dies überhaupt nicht), aber 80 % aller 17-Jährigen. Jugendliche dürften damit zunehmend die Kompetenz entwickeln, Geschichten zur Sinnkonstruktion heranzuziehen. Das oben benannte Bedürfnis nach Kontinuität über Ziele und Standards im Rahmen der Identitätskonstruktion wird damit zunehmend bedient. Auch bezogen auf das Identitätsbedürfnis nach Selbstwert kann argumentiert werden (vgl. Sundén, 1966): Über den Prozess der Imagination biblischer Szenarien, worin das eigene Ich mit biblischen Personen identifiziert wird, können Gefühle wie Scham, Dankbarkeit und Verehrung gegenüber Gott aktiviert werden. Gleichzeitig kann über die imaginative Begegnung mit den heiligen Figuren ein religiöses Selbstverständnis realisiert werden. Eine solche religiöse Identität kann Dezentrierungsprozesse unterstützen (im Sinne einer Selbstdefinition über »Gott« und nicht über persönliche Statusmerkmale wie Schönheit, Leistung und Freundschaften; Gennerich, 2010a, S. 132–133, 400). Dabei wird das Selbstwertgefühl im Sinne Morgenthalers von gängigen sozialen und gesellschaftlichen Kontexten unabhängig (vgl. Crocker & Wolfe, 2001). Anders als etwa in Leistungskontexten ist »Gott« als Gegenüber der Selbstdefinition zuverlässig und besitzt gemäß der Bindungstheorie alle Eigenschaften einer natürlichen sicheren Bindungsfigur (Kirkpatrick, 1999) und kann so ein positives und stabiles Selbstwertgefühl begründen.

Auch das dritte Bedürfnis nach Kontrolle bzw. Kohärenz wird durch Geschichten bedient: Eine Geschichte ermöglicht, über einen geeigneten Plot diskordante Ereignisse in eine sozial akzeptierbare bzw. möglichkeitseröffnende Einheit zu bringen (vgl. Streib, 1994), sodass ein Gewinn an Kontrolle und Kohärenz erfahren wird.

(c) *Theologie* kann mit Pieper (1970, S. 75) als die Übersetzung der Tradition in die »Begrifflichkeit des geschichtlichen Augenblicks« hinein verstanden werden. Denn die Tradition erschließt sich den Subjekten nicht von alleine, sondern erst, wenn die Tradition hinreichend in die Situation des Subjekts hineinübersetzt ist. Erst dann kann sich dieses die Tradition aneignen bzw. an ihr teilhaben. Finde eine solche aktualisierende Übersetzungsarbeit der Theologie nicht mehr statt, dann verliere die jüngere Generation den Kontakt zur Tradition. In diesem Sinne hat die Theologie also »Tradition« als ihren Gegenstand, ist jedoch zugleich unabhängig von dieser, wie das rezipierende Subjekt auch.

Schwöbel (2005, Sp. 269) weist vergleichbar darauf hin, dass der christliche Glaube als tragende Gewissheit auf alle Lebensbereiche zu beziehen sei und für alle Menschen gelte. Daraus folge, dass die Theologie die Aufgabe hat, die Wahrheit der Christusbotschaft kontextuell so zu entfalten, dass sie von Menschen in konkreten Lebenssituationen als Lebensgewissheit erfahren werden kann (Sp. 300). Das erfordere eine gewisse denkerische Leistung, die nicht umstandslos von allen Gläubigen individuell zu erwarten sei und daher von theologisch geschulten Akteur*innen unterstützt bzw. geleistet werde.

Theologie als Wissenschaft hat sich dabei dem Kriterium der Rationalität zu stellen. Da Theologie keine Hypothesen, sondern »Wahrheitsbehauptungen auf der Basis personaler Gewißheit« (Schwöbel, 2005, Sp. 266) prüft, bedarf es Kriterien, um diese Aufgabe zu leisten. So schlägt Stefan (2009) die internen Kriterien der Kohärenz und Konsistenz vor sowie die externen Kriterien des Erfahrungsbezugs und der Offenheit. Ähnlich erarbeitet Clayton (1992, S. 53 u. 134) das Kriterium der Kohärenz und zeigt, wie dieses zur Anwendung gebracht werden kann, wenn die wissenschaftliche Rationalität der Theologie als kontextbezogene Problemlösungseffektivität verstanden wird.

Nun weist Shils (1981, S. 185) darauf hin, dass intellektuelle Traditionen, zu denen auch Theologien als akademisches Produkt gezählt werden müssten, nicht in Familien tradiert werden, sondern innerhalb institutioneller Settings, wie sie die Kirche und die Schule bereitstellen. Exemplarisch ist hier der Religionsunterricht zu nennen, in dem von theologisch geschulten Akteur*innen entsprechende Kompetenzen bei den Schüler*innen aufgebaut werden. Denn die in der Schule erstrebte religiöse Kompetenz kann nicht in einer bloßen Reproduktion von Inhalten aufgehen, sondern erfordert deren sachgemäße lebensweltliche Anwendung (vgl. Benner, 2004, S. 32).

Zusammengenommen ist davon auszugehen, dass Jugendliche sich im Kontext ihrer Sinnkonstruktion mit religiösen Traditionen, Geschichten und Theologien auseinandersetzen. Sie können diesen

Vokabularien im Religionsunterricht der Schule und in den unterschiedlichsten religiösen Gemeinschaften begegnen. Zugleich zeigt die Analyse, dass eine sinnstiftende Aneignung religiöser Vokabularien nicht selbstverständlich ist, weil dies mit einem gehörigen kognitiven und motivationalen Aufwand verbunden ist. Mit Blick auf die empirische Forschung spricht dies dafür, den Blick darauf zu richten, welche Inhalte leichter in die persönliche Sinnkonstruktion integriert werden können als andere. Ebenso ist davon auszugehen, dass sich Jugendliche sehr unterschiedlich in diesem herausfordernden Feld bewegen, sodass eine differenzierende Analyse der Religiosität und Sinnkonstruktion Jugendlicher angezeigt ist.

2.2 Theorieansätze

Theorien im religiösen Feld zielen darauf, die Religiosität von Jugendlichen zu beschreiben, zu erklären, vorherzusagen und ggf. pädagogisch darauf Einfluss zu nehmen (vgl. Gennerich & Riegel, 2015). Im Folgenden werden drei theoretische Ansätze herausgegriffen: ein sozialpsychologischer Ansatz, der auf situative Faktoren zur Erklärung der Religiosität Jugendlicher zurückgreift, ein entwicklungspsychologischer, der Unterschiede und Veränderungen in der Religiosität Jugendlicher als allgemeines Entwicklungsphänomen versteht, und das aktuelle Forschungsparadigma der emotionalen Selbst-Regulation.

2.2.1 Religion und Werte

Werte haben einen Bezug zu Fragen der Sinnstiftung und Religiosität. Dieser Sachverhalt spiegelt sich in Paul Tillichs (1957) Bestimmung von Religion und Glaube als die Frage nach dem, was uns unbedingt angeht. Das, was unbedingt angeht, ist zugleich eine Erfahrung unbedingter Wichtigkeit im Reich der Werte. In einer sozialwissenschaftlichen Perspektive können Werte in Parallelität dazu als Identitätskerne interpretiert werden (Hitlin, 2003). Werte haben daher eine orientierende Funktion im Prozess der Sinnstiftung, insofern die menschliche Sinnkonstruktion identitätsbasiert ist (vgl. Weick, 1995, S. 18-24). Werte leiten sodann Präferenzen für unterschiedliche Formen religiöser Praxis sowie theologische Interpretationen, die jeweils spezifische Werte begründen und fördern können (vgl. Gennerich, 2010a). Freilich müssen Werte nicht unbedingt religiös begründet werden (Gennerich, 2015a). Die Sinnkonstruktion Jugendlicher kann auch weitgehend säkular erfolgen (vgl. Streib & Gennerich, 2011, S. 98-112). Allerdings bestimmen Werte die Ausprägung individueller Religiosität. Menschen wählen religiöse bzw. nicht-religiöse Interpretationen, die ihren Werthaltungen entsprechen und diese stützen (Gennerich, 2010a; Gennerich & Huber, 2006, 2021; Schmidtchen, 1973).

Werte sind ihrerseits auch Indikatoren für die situativen Kontexte, in denen Menschen stehen. Erfahrungen von Bedrohungen und Unsicherheit lösen ein Streben nach konservativen Werten aus (Jost et al., 2003). Erfahrungen der Zuwendung und Verlässlichkeit seitens der Eltern und anderer Bezugspersonen motivieren Werte wie Gerechtigkeit und Hilfsbereitschaft (Gennerich, 2018b, S. 32; Kasser, 2002). In einem noch weiteren Kontext werden Werte daher auch zur Messung von Milieus und Lebensstilen genutzt (Hartmann, 1999, S. 66-70; Gennerich, 2017b, 2018b), also Konstrukten, die Orientierungen beschreiben, die von anderen geteilt werden und mit denen das individuelle Verhalten vernetzt ist (Hartmann, 1999, S. 40-41). Darüber hinaus zeigt die Forschung zur Entwicklung über den gesamten Lebenslauf, dass Entwicklung nicht von einem einzigen normativen Endpunkt her gedacht werden kann, sondern dass unterschiedliche Entwicklungsziele in Spannung zueinander stehen können und in unterschiedlichen Lebenskontexten sinnvoll sind (Baltes et al., 1998). Es spricht daher einiges dafür, die Pluralität möglicher individueller Wertsetzungen zu systematisieren und darauf aufbauend das Verhältnis Jugendlicher zu Religion, Glaube und Sinnsuche zu explorieren.

Seit den grundlegenden Arbeiten von Rokeach (1968, 1973) konnte Shalom H. Schwartz (1992, 2006; Schwartz et al., 2012) die Vielzahl von Einzelwerten auf eine universale, kulturübergreifende Inhaltsstruktur zurückführen und eine handhabbare Messung entwickeln. Die Polaritäten »Offenheit für Wandel« vs. »Bewahrung« auf der Horizontalen und »Selbst-Transzendenz« (Bedürfnisse anderer beachtend) vs. »Selbst-Steigerung« (eigene Bedürfnisse maximierend) auf der Vertikalen beschreiben ein Koordinatensystem, das ermöglicht, alle möglichen Werte nach ihrem Gehalt bezogen auf die beiden Grunddimensionen zu beschreiben. Die Dimensionen sind verlässlich reproduzierbar, sodass in vielfältigen Anwendungen ein zunehmender Erkenntnisgewinn generiert werden kann. Abbildung 2.1 beschreibt diese Dimensionen mit den ihnen zugeordneten 9 bzw. 10 Werteklassen (Konformität als Typ 10 differenziert sich bei Schwartz, 1992, nicht von Traditionswerten).

Abbildung 2.1 stellt die Beziehungen zwischen den verschiedenen Werteklassen dar. Gegenüberliegende Werteklassen stehen im Konflikt miteinander, benachbarte Klassen teilen eine gemeinsame Ausrichtung und sind sich deshalb ähnlich (vgl. Schwartz, 1992, S. 14–15): Prosozialität, Tradition und Konformität fördern die Hingabe an Beziehungen und Gruppen im eigenen Nachbereich. Tradition, Konformität und Sicherheit bewahren die gegebenen sozialen Ordnungen. Sicherheit und Macht überwinden potenzielle Unsicherheiten durch Kontrolle von Beziehungen und Ressourcen. Macht und Leistung betonen Überlegenheit und das Streben nach sozialer Wertschätzung. Leistung und Hedonismus unterliegen einer Steigerungslogik (immer besser werden, neue Reize gegen Langweile). Hedonismus und Anregung beinhalten eine angenehm empfundene Erregung. Anregung und Selbstentfaltung haben das Interesse an dem Neuen sowie persönlicher Entwicklung gemeinsam. Selbstentfaltung und Universalismus beinhalten ein Sichverlassen auf eigene Urteile und Wohlbehagen mit der Diversität des Lebens. Schließlich sind Universalismus und Prosozialität um das Wohl anderer bemüht und

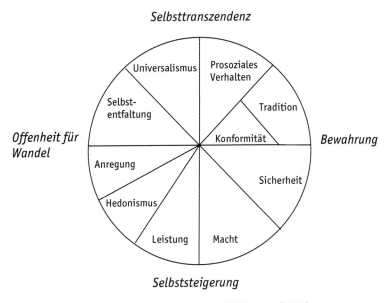

Abb. 2.1: Struktur der Wertorientierungen nach Schwartz (1992)

transzendieren den Eigennutz. Die Gliederung der Werte in Segmente dient dabei der prägnanten Veranschaulichung, fließende Übergänge zwischen den Werteklassen sind theoretisch vorausgesetzt. Für empirische Untersuchungen bedeutet dies, dass Werte aus Nachbarregionen durchaus untereinander vermischt sein können und nicht eindeutig in ein Segment fallen müssen. Das Wertefeld in Abbildung 2.1 ist somit als Prototyp zu verstehen, von dem konkrete Studien, wie sie in diesem Buch berichtet werden, mehr oder weniger abweichen können.

Die empirische Forschung zum Verhältnis von Religion und Werten kann in der angesprochenen Lebensstilforschung direkt weitergeführt werden, wenn Werte zur Stildifferenzierung genutzt werden. So differenzieren Gennerich und Kolleg*innen vier Typen Jugendlicher auf der Basis der zwei kulturübergreifenden Wertedimensionen von Schwartz (vgl. Feige & Gennerich, 2008; Gennerich, 2010a; 2018b;

Streib & Gennerich, 2011), mit denen sich eine Vielfalt von Zugängen zum Feld des Religiösen beschreiben lässt (Feige & Gennerich, 2008; Gennerich, 2010a; Gennerich & Zimmermann, 2020). Der Stand der Forschung wird in diesem Buch mit neuen Befunden schrittweise erweitert und in Kapitel 4 zusammenfassend skizziert (▶ Kap. 4.1). Dieses Kapitel konzentriert sich auf die Begründungslogik des Ansatzes im Anschluss an Gennerich (2018b).

Es gibt einen guten Grund, Lebensstilmodellen in der Jugendforschung mehr Beachtung zu schenken. Denn im Feld »Jugend und Religion« gibt es eine nur begrenzte Anzahl von Modellen zur Differenzierung adoleszenter Religiosität. Dazu gehören die in Kapitel 2.2.2 beschriebenen Modelle religiöser Entwicklung, die jedoch mit Blick auf das Jugendalter eine begrenzte Differenzierungskraft haben, weil ein Teil der dort beschriebenen Stufen sich auf die Kindheit und das Erwachsenenalter beziehen, sodass lediglich zwei bis drei Stufen für eine Differenzierung im Jugendalter genutzt werden können. Daneben gibt es Lebensstil- bzw. Milieumodelle bezogen auf das Jugendalter, die auch Einstellungen zum Thema Religion fokussieren. Die kommerzielle Modelllinie mit Rückgriff auf den Milieubegriff wird vom Sinus-Institut (Markt und Sozialforschung GmbH) vertreten (Wippermann & Calmbach, 2007; Calmbach et al., 2012; 2016). Sie hat jedoch den gravierenden Nachteil, dass die Methodik als Geschäftsgeheimnis nicht transparent dargestellt wird. Das schränkt den wissenschaftlichen Wert und den möglichen Forschungsfortschritt stark ein (Ilg, 2014). Anders verhält es sich, wenn man Werte zur Lebensstildifferenzierung heranzieht, sodass eine Lebensstilgruppe ein Aggregat von Personen mit ähnlichen Werthaltungen darstellt (vgl. Hartmann, 2011, 63; Otte & Rössel, 2011, S. 15). Eine solche werttheoretische Lebensstilkonzeption (vgl. Spellerberg, 1996, S. 74–77) hat mit Blick auf die Generierung eines Forschungsfortschritts den Vorteil, dass vielfältige grundlagenwissenschaftliche Studien zum Zusammenhang von Religion und Werten in die Stilbeschreibungen integriert werden können und der Rückgriff auf das Konzept von Schwartz eine zweidimensionale Visualisierung der Befunde ermöglicht (vgl. Gennerich & Huber, 2021).

Im Anschluss an die korrelativen Befunde mit den beiden Wertedimensionen von Schwartz können vier Gruppen Jugendlicher mit einem je eigenen Verhältnis zu Religion, Glaube und Sinnsuche unterschieden werden. Diese vier Gruppen werden später in Kapitel 4 vorgestellt und vertieft. Im Zusammenhang dieses Abschnitts sei exemplarisch anhand eines Beispiels das methodische Vorgehen erläutert.

Der Zusammenhang zwischen Werten und Religion kann derart berechnet werden, dass für konkrete Stichproben die Wertedimensionen berechnet werden und mit diesen Dimensionen Items oder Skalen zur Religiosität oder Sinnstiftung korreliert werden. Das kann anhand der Daten vom Religionsmonitor 2013 demonstriert werden[1]. Für die Teilstichprobe der deutschen Jugendlichen (N = 324; 16- bis 25-Jährige; M = 19,64) ergibt sich bei einer Faktorenanalyse der ipsatierten 10 Werteitems, die jeweils eine Werteklasse des Schwartzschen Modells repräsentieren, die Faktorladungsstruktur von Abbildung 2.2 nach Varimax-Rotation.

Werden nun die Faktorscores als neue Variablen im Datensatz des Statistikprogramms SPSS gesichert, dann können die beiden Faktorscore-Variablen mit anderen Items aus dem Religionsmonitor korreliert werden. Abbildung 2.3 zeigt den Befund einer solchen Berechnung für die Bewertung der Wichtigkeit verschiedener Lebensbereiche.

Abbildung 2.3 zeigt, dass die Lebensbereiche »Religion« und »Spiritualität« vor allem von Jugendlichen für wichtig befunden werden, die Traditionswerte vertreten und denen auch der Lebensbereich der »Familie« besonders wichtig ist. Dabei zeigt sich auch, dass mit 5 % besonders wenig Jugendliche »Spiritualität« als »sehr wichtig« erleben, jedoch 36 % dies für »Religion« bejahen. Das signalisiert, dass möglicherweise die gemeinschaftlich-institutionelle Einbettung, die beim Religionsbegriff mitgedacht wird, den Ausschlag

---

1 Die Bertelsmann-Stiftung hat dankenswerterweise die Daten für die eigenen Berechnungen bezogen auf die Teilstichprobe deutschsprachiger Jugendlicher zur Verfügung gestellt.

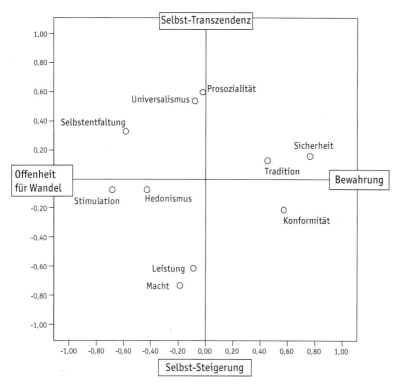

Abb. 2.2: Plot der Faktorladungen der 10 Werteitems im Religionsmonitor 2013 für die Teilstichprobe der deutschen Jugendlichen (N = 324; 16- bis 25-Jährige)

für die größere Wichtigkeitszuschreibung gibt. »Politik« wird sodann von besonders prosozialen Jugendlichen als wichtig erachtet, wohingegen »Freizeit« ein besonders wichtiger Lebensbereich für Jugendliche ist, die hedonistische Werte stark betonen. »Arbeit« ist schließlich ein besonders wichtiger Lebensbereich für Jugendliche im Feldbereich unten/rechts, wo Machtwerte als besonders relevant empfunden werden. Der erzielte Befund zeigt soweit, dass in Abhängigkeit von den persönlichen Werten und der darin zum Ausdruck

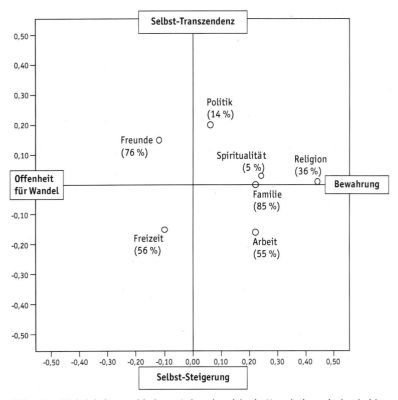

Abb. 2.3: Wichtigkeit verschiedener Lebensbereiche in Korrelation mit den beiden Wertedimensionen des Religionsmonitors 2013 für die Teilstichprobe der deutschen Jugendlichen (N = 324; 16- bis 25-Jährige); in Klammern Prozentwerte für die Kategorie »sehr wichtig« bei einer 4er-Skala

kommenden Lebenssituation unterschiedliche Lebensbereiche als relevant für die Sinnkonstruktion erachtet werden.

Aufschlussreich ist in diesem Zusammenhang die zugeschriebene Relevanz von Religionsgemeinschaften und Familie bei der Wertesozialisation. Abbildung 2.4 stellt die korrelativen Zusammenhänge dar. Es zeigt sich, dass im Bereich von Traditionswerten den Religionsgemeinschaften ein Einfluss bei der Vermittlung von allen möglichen Werten zugeschrieben wird. Anders ist dies bei der Familie, die

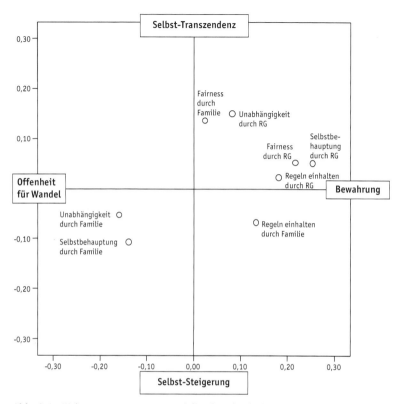

Abb. 2.4: Wahrgenommene Wertesozialisation durch die Familie und Religionsgemeinschaften (RG) in Korrelation mit den beiden Wertedimensionen des
Religionsmonitors 2013 für die Teilstichprobe der deutschen Jugendlichen (N = 324; 16- bis 25-Jährige)

von Jugendlichen in allen Feldbereichen für wichtig erachtet wird: Im
Bereich von Sicherheitswerten meinen die Jugendlichen, dass sie in
der Familie das »Einhalten von Regeln« gelernt haben, im Bereich
von prosozialen Werten »Fairness« und im Bereich von Stimulationswerten und Hedonismus »Unabhängigkeit« und »Selbstbehauptung«. Der Befund spiegelt hier sowohl den Sachverhalt, dass die
Familie eine wahrgenommene Bedeutung bezogen auf die eigenen
Werthaltungen hat, als auch, dass die Religionsgemeinschaften eben

nur für eine begrenzte Gruppe von Jugendlichen im Bereich von Traditionswerten bedeutsam sind.

Insgesamt wird deutlich, dass Werte mit Einstellungen gegenüber Religion und Religionsgemeinschaften zusammenhängen. Sie eignen sich daher, um die Orientierungen von Jugendlichen zu Glaube, Religion und Sinnsuche zu differenzieren. Ein entscheidender Punkt ist hier zu bedenken: In den vielen Studien zur Religiosität Jugendlicher werden vielfältige Messungen und Erhebungsmethoden herangezogen, sodass eine kohärente Zusammenschau der Befunde erschwert wird. Insofern jedoch die Schwartzschen Wertedimensionen verlässlich mit unterschiedlichen Wertemessungen reproduziert werden können, wird es möglich, eine lebensstilbasierte Differenzierung der Religiosität und Sinnsuche Jugendlicher anhand der Korrelationen mit den Wertedimensionen über eine Vielzahl von Studien hinweg vorzunehmen. Die Breite und Tiefe der Einsichten zur Religiosität Jugendlicher lässt sich so schrittweise stark ausbauen.

2.2.2 Religion und Entwicklung

Es gibt eine Vielzahl von Entwicklungstheorien, die teilweise sehr eng umschriebene Bereiche der religiösen Kultur adressieren (z.B. das Verständnis biblischer Gleichnisse, die Christologie etc.; vgl. Büttner & Dieterich, 2016). Besonders einflussreich sind die religiösen Entwicklungstheorien von James Fowler (1991) sowie Oser und Gmünder (1984). Beide Theorien definieren als Entwicklungsziel »religiöse Autonomie« (vgl. Schweitzer, 1999). Die Theorie von Fowler ist dabei allgemeiner angelegt und umfasst die menschliche Sinnstiftung als Ganzes (► Kap. 2.1.3), wohingegen die Theorie von Oser und Gmünder auf Deutungen des Handelns Gottes fokussiert ist, die sich in religiösen Urteilen angesichts von Dilemma-Situationen spiegeln. Die Allgemeinheit der Theorie Fowlers bedingt eine gewisse Unschärfe der Stufenbeschreibungen, sodass die Stufenlogik nicht mit neueren empirischen Befunden in Deckung gebracht werden kann. Heinz

Streib (2001, 2003) plädiert daher in Fortführung des Ansatzes von Fowler für ein neues Verständnis der vormaligen Entwicklungsstufen als wählbare Stile, die über ihnen zugrundeliegende kognitive Schemata beschrieben werden können. Auch mit Blick auf das Stufenmodell von Oser und Gmünder lässt sich die Entwicklungslogik überdenken und in Beziehung zu dem in Kapitel 2.2.1 dargestellten Wertemodell neu interpretieren. Der Gewinn liegt dabei in einem integrierteren und empirisch validerten Verständnis religiöser Entwicklung.

In ihrer klassischen Darstellung unterscheiden Oser und Gmünder (1984; Oser, 1991) fünf Stufen der religiösen Entwicklung. Im Zentrum steht dabei, wie Menschen das Handeln Gottes konstruieren.

Stufe 1 ist definiert über eine *Orientierung an absoluter Heteronomie* (deus ex machina). Das heißt, Gott bzw. das Letztgültige greift aktiv und unvermittelt in die Welt ein. Die Rolle des Menschen bleibt dabei reaktiv. Ebenso gehört in diese Stufe, dass alle Dinge durch personales Handeln gemacht sind (z.B. dass die Berge durch das Auftürmen von Erd- und Steinmassen von Gott gemacht wurden).

Stufe 2 ist definiert über die Deutungsfigur des »*do ut des*« (lat.: »ich gebe, damit du gibst«). Gott bzw. das Letztgültige wird dabei wie zuvor in Stufe 1 als external und allmächtig gesehen, jedoch kann er/ sie/es belohnen oder bestrafen. Das heißt, das Letztgültige ist nun beeinflussbar und der Mensch kann präventiv Einfluss nehmen, indem er sich z.b. in einer Weise verhält, die mit erwünschten Ergebnissen verbunden ist. Der Mensch hat also eine beschränkte Autonomie innerhalb der gegebenen Ordnung.

Stufe 3 ist definiert durch eine *Orientierung an absoluter Autonomie* (Deismus). Das heißt, wenn überhaupt, dann mag Gott die Welt einmal geschaffen haben, aber nun ist der Mensch allein verantwortlich für die Welt und sein Leben. Er muss dem Leben selbst Sinn geben. Wirkungen göttlichen Handelns sind nicht mehr existent bzw. wahrnehmbar. Gott bzw. das Letztgültige wird aus der Welt gedrängt, sodass allein die Immanenz relevant bleibt. Oftmals werden damit auch religiöse bzw. kirchliche Autoritäten im Verbund mit der Ablösung von bisherigen Erziehungsmächten abgelehnt.

Stufe 4 ist definiert durch eine *Orientierung an vermittelter Autonomie und Heilsplan.* Das heißt, das Letztgültige wird mit der Immanenz wieder vermittelt: sei es als Ermöglichungsgrund oder Metapher für das »Selbst«. Auf dieser Stufe gibt es vielfältige Formen der Religiosität, die jedoch immer die persönliche Autonomie voraussetzen: z. B. kann Gott in der Natur meditiert werden oder Gottes Handeln kann so verstanden werden, dass Gott bzw. das Letztgültige im gesellschaftlichen Engagement Ereignis wird. Das Subjekt versteht sich als autonom, ohne zu beanspruchen, alles aus sich selbst heraus leisten zu können. »Gottesbilder« werden als Symbole verstanden, die universale Prinzipien repräsentieren können.

Stufe 5 ist definiert durch eine *Orientierung an religiöser Intersubjektivität.* Hier ist das Letztgültige mit Dasein und Welt völlig vermittelt. Das Subjekt nimmt einen ganz und gar religiösen Standpunkt ein und braucht sich nicht mehr an einen Heilsplan oder eine religiöse Gemeinschaft zurückzubinden. Vielmehr erfährt es sich als immer schon unbedingt angenommen und kann entsprechend auch andere Menschen annehmen.

Bei einer genaueren Betrachtung der Stufenlogik zeigt sich, dass bis zu Stufe 3 die zunehmende Kontrolle und Autonomie als Entwicklungsmotor begriffen werden können. An diesem Punkt weist Döbert (1991) darauf hin, dass es quasi kein überzeugendes Motiv mehr gebe, Stufe 4 oder 5 zu erwerben. Es gebe schlicht – zumindest aus einer gesellschaftlichen Perspektive – keine Motive für die Ausübung einer religiösen Deutungskultur ab dem Jugendalter. In diesem Sinne sei Stufe 3 als Entwicklungssackgasse konzipiert.

Nun gibt es jedoch neben dem Entwicklungsmotiv der Autonomie auch weitere relevante Entwicklungsfaktoren, die die Präferenz für bestimmte Werte und damit in Verbindung stehende religiöse Deutungen bestimmen können.

1. *»Sensation seeking«* nach Marvin Zuckerman: Darunter wird die Neigung verstanden, neue, verschiedenartige und komplexe Erfahrungen zu suchen und dafür auch körperliche und soziale Risiken einzugehen (Ruch & Zuckerman, 2001). Die Forschungsbe-

funde belegen, dass das Anregungsbedürfnis im Alter zwischen 9 und 14 Jahren stark zunimmt, im späten Jugendalter und in den frühen 20ern seinen Höhepunkt hat und dann wieder langsam abklingt. Eine starke biologische Verankerung gilt als erwiesen (starker genetischer Einfluss, Korrelate im Hormonhaushalt), ebenso wie eine deutlich stärkere Ausprägung bei männlichen Jugendlichen. Insgesamt belegt die Forschung zur Anregungssuche (sensation seeking) damit eine stärkere Gewichtung von Stimulationswerten im Jugendalter.

2. *Reifung des Frontalkortex:* Erst zwischen dem 20. und 25. Lebensjahr ist die Reifung des Frontalkortex abgeschlossen, der für die bewusste Verhaltenskontrolle zuständig ist und gegenüber den emotionalen Erregungssystemen eine hemmende Impulskontrolle leisten kann (Meyer, 2012, S. 6). In der Folge steigen in der Mitte des dritten Lebensjahrzehnts die Fähigkeiten zur Impulskontrolle und zur Selbst-Regulation an (Steinberg, 2008, S. 91–92). In der Konsequenz bedeutet dies, dass (jüngere) Jugendliche stärker hedonistische Werte betonen, weil ihnen die Beachtung langfristiger Pläne vom Reifungsgrad ihres Gehirns her weniger zugänglich ist als älteren Personen.

3. *Im Alter* nehmen gesundheitliche *Beeinträchtigungen,* Behinderungen und chronische Erkrankungen zu, ebenso reduzieren sich soziale Kontaktmöglichkeiten (Walter et al., 2006). Die Bewältigung von Verlusten wird damit schrittweise ein zentrales Thema. Da Traditionswerte die Annahme des Schicksals beinhalten, ist die Entwicklung in Richtung von Traditionswerten im Alter (bei Senior*innen) verständlich. Die stärkere Gewichtung prosozialer Werte im Alter kann zugleich auch als Ausdruck dafür verstanden werden, dass Beziehungen mit dem Alter zunehmend weniger durch Alternativen ausgeglichen werden können und entsprechend stärker »gepflegt« werden. Im Jugendalter ist die Motivation dazu entsprechend geringer ausgeprägt.

Insgesamt liegen damit prägnante, empirisch belegte Prozesse vor, die spezifische Wertsetzungen auch jenseits der Autonomie im Jugendalter wahrscheinlich machen. Abbildung 2.5 dokumentiert die ersten beiden Prozesse für das Jugendalter: Die mit dem 14. Lebensjahr stärker werdende Suche nach Anregung sowie die mit dem 25. Lebensjahr ausgereifte Impulskontrolle, die im Ergebnis in einen U-förmigen Verlauf resultieren. Studien, die auch die Lebensjahrzehnte ab dem 30. Lebensjahr umfassen, zeigen schließlich, dass im Sinne des dritten Prozesses der Schicksalsakzeptanz zunehmend stärker Werte der Prosozialität und der Tradition betont werden (Gennerich, 2010a, S. 54).

Es gibt somit gute und gewichtige Gründe dafür, dass die religiöse Entwicklung nicht einfach in einem Zugewinn von Autonomie aufgeht. Weitere Faktoren spielen eine Rolle und bilden sich in einer Veränderung von Wertepräferenzen ab. Da es nun klare Zusammenhänge zwischen Werthaltungen und religiösen Deutungen gibt (vgl. Gennerich, 2010a), können wir weiterführend fragen, wie die in den Stufen von Oser und Gmünder repräsentierten religiösen Deutungen mit den Dimensionen des Wertefelds zusammenhängen. Wenn über das von Döbert vermutete Motiv der Autonomiezunahme hinaus auch die benannten drei Entwicklungsprozesse relevant sind, dann sollten sich die stufenrepräsentierenden Deutungen analog zum Kurvenverlauf in Abbildung 2.5 darstellen.

Um diese Annahme empirisch zu prüfen, werden in den Abbildungen 2.6 und 2.7 Daten herangezogen, deren Items die theoretischen Ideen der Stufen repräsentieren. In der folgenden Abbildung 2.6 sind dies die Items, dass »Gott wie eine unvorhersehbar handelnde Macht« sei (absolute Heteronomie), dass »Gott wie ein strenges Gericht« sei (do-ut-des), dass »Gott nur eine menschliche Idee ohne eigene Existenz« sei (absolute Autonomie) und dass »Gott wie unbegrenzte Liebe« sei (religiöse Intersubjektivität). Der Befund stellt die Zusammenhänge dieser Items mit den beiden Wertedimensionen für 644 Gottesdienstbesucher*innen der Altersspanne zwischen 13 und 89 Jahren dar.

Abbildung 2.6 zeigt, dass die beiden Items, die Stufe 1 und 2 repräsentieren (»wie eine unvorhersagbar handelnde Macht«, »wie ein strenges Gericht«), im Feldbereich unten/rechts verortet sind. Das

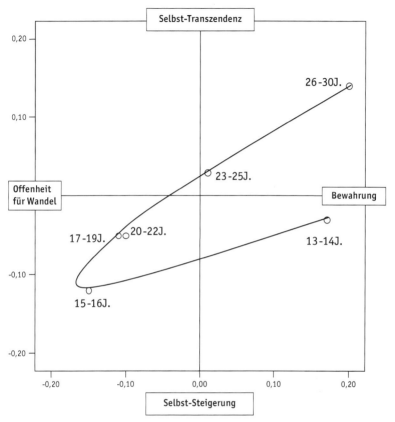

Abb. 2.5: Altersentwicklung im Wertefeld anhand der Faktorscore-Mittelwerte der Bamberger Jugendstudie 1996 (12- bis 30-Jährige; N = 3275) (Gennerich, 2010a, S. 51)

Item für Stufe 3 (»Idee ohne eigene Existenz«) verortet sich im Feldbereich unten/links. Ein adäquates Item für Stufe 4 fehlte in der Liste der Gottesbilder. Das Item für Stufe 5 (»wie unbegrenzte Liebe«) schließlich lokalisierte im Bereich oben/rechts relativ nah am Pol »Selbst-Transzendenz«.

Mit Blick auf Stufe 4 bietet die Studie von Jörns (1997; Jörns & Großeholz, 1998) passende Items. Zum Beispiel: »Gott kann nur über

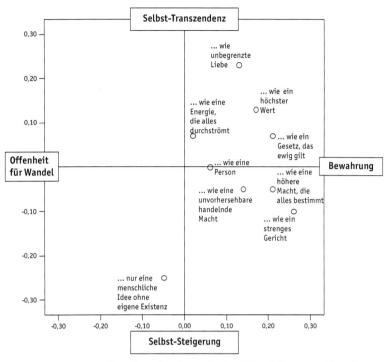

Abb. 2.6: 644 Gottesdienstbesucher*innen in der RST-Validierungsstichprobe von Huber (2007, 2008); 13- bis 89-Jährige; M = 51,05

Menschen eingreifen« oder »Gott kann nur handeln, wo es Menschen zulassen«. Immanenz und Transzendenz sind hier nicht voneinander getrennt, sondern stehen in einer wechselseitigen Beziehung. Darüber hinaus bildet das Item »Gott bzw. Wesen kann/können nichts« wiederum die Stufe 3 der absoluten Autonomie ab.

Abbildung 2.7 dokumentiert den Befund mit diesen Items. Es zeigt sich, dass das Item für Stufe 3 sich wie bereits in Abbildung 2.6 im Feld unten/links verortet. Die Items, die Stufe 4 repräsentieren, finden sich im Feldbereich oben/links (»Gott kann nur über Menschen eingreifen«) und im Feldbereich oben/rechts (»Gott kann handeln, wo Menschen es zulassen«) in der Nähe des Pols »Selbst-Transzen-

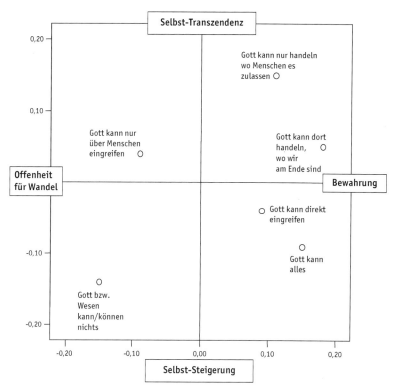

Abb. 2.7: Deutungen zum Handeln Gottes in Korrelation mit den Wertedimensionen der Jörns-Schülerstichprobe (17- bis 19-Jährige; N = 278) [Auszug aus Gennerich, 2010a, S. 246]

denz«. Ebenfalls eine Bestätigung für die Lokalisierung von Stufe 4 im Feldbereich oben/links ist die Ablehnung eines »direkten Eingreifens Gottes«, da bei diesem Item noch nicht die Stufe 3 durchlebt wurde und eine Vermittlung von Transzendenz und Immanenz nicht gedacht wird. Insgesamt spricht daher einiges dafür, den Kerngehalt von Stufe 4 im Feldbereich oben/links zu verorten.

Der soweit erzielte Befund lässt sich zusammenfassend in Abbildung 2.8 illustrieren. Er zeigt integriert die für das Modell von Oser und Gmünder relevanten Items. Die Items, die für Stufe 1 (»unvor-

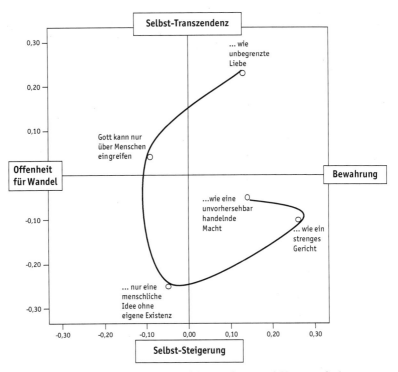

Abb. 2.8: Zusammenfassende Verlaufskurve der entwicklungsstufenbezogenen Items aus den Abbildung 2.6 und 2.7

hersehbar handelnde Macht«) und Stufe 2 (»strenges Gericht«) stehen, sind im Feldbereich unten/rechts lokalisiert. Das ist jener Feldbereich mit der geringsten Bildungsaffinität (vgl. Gennerich, 2017b, S. 51), sodass sich der Befund stimmig zur Bewertung des religiösen Urteils als »weniger entwickelt« verhält. Die Position des Items für Stufe 3 (»ohne eigene Existenz«) unten/links indiziert eine große Distanz zu religiösen Vorstellungen, die eine vertrauenswürdige Instanz wie z.B. einen liebenden Gott annehmen. Da in diesem Feldbereich die eigenen Eltern häufiger als strafend und wenig verständnisvoll erlebt werden (vgl. Gennerich, 2018b, S. 32), legt sich ein emotionales Motiv für die gezeigte »Stufenpräferenz« nahe. Das Item

»Gott kann nur über Menschen eingreifen« steht für Stufe 4, weil es Transzendenz und Immanenz rational vermittelt. Es lokalisiert sich im Feldbereich oben/rechts, der sich durch die größte Bildungsnähe und die größten finanziellen Ressourcen auszeichnet (vgl. Gennerich, 2017b, S. 51). Das verhält sich zwar stimmig zur Bewertung der Stufe als höher entwickelt. Jedoch legt sich anstatt einer strukturgenetischen eher eine motivationale Erklärung nahe. Denn mit der Formulierung »nur durch Menschen« wird Gottes Allmacht zurückgenommen (vgl. in Abb. 2.7 die Opposition zum Item »Gott kann alles«), was man sich eher »leisten« kann, wenn das eigene Kontrollbedürfnis über Bildung und Kapital gesichert ist. Schließlich positioniert sich das Item der Stufe 5 (»unbegrenzte Liebe« für »unbedingte Intersubjektivität«) besonders profiliert oben/rechts am Pol der Selbst-Transzendenz. Auch diese Verortung ist plausibel, insofern man Gott als »Liebe« eher erahnen kann, wenn man selbst besonders viel Unterstützung, Verständnis und Zuwendung der Eltern erlebt hat (vgl. Gennerich, 2010a, S. 63; 2018b, S. 32). Zudem kann man Liebe auf der ethischen Ebene leichter realisieren, wenn aufgrund der Reifung des Frontalhirns egozentrische Impulse besser kontrollierbar sind und wenn aufgrund des Alters soziale Beziehungen an Wichtigkeit gewinnen (s.o.). Die gewählten Stufen-Items zeigen daher insgesamt nachvollziehbare Korrelationen mit den Wertedimensionen und den durch sie indizierten situativen Erfahrungen.

Auf der Basis dieses Befunds lassen sich eine Reihe relevanter Schlussfolgerungen ziehen:

(1) Im Vergleich der Abbildungen 2.5 und 2.8 zeigt sich ein annähernd ähnlicher Verlauf, sodass sich vermuten lässt, dass die religiöse Entwicklungstheorie von Oser und Gmünder (1984) in der Tat einen zumindest durchschnittlichen Entwicklungsverlauf beschreibt.

(2) Mit Blick auf die Kritik von Döbert an dem Entwicklungsmodell von Oser und Gmünder lässt sich darüber hinaus argumentieren, dass es durchaus Motive gibt, die über Stufe 3 hinausführen. Nämlich die Zugänglichkeit einer gesteigerten Selbst-Regulation über die Reifung des Frontalkortex und der Bedarf einer verbesserten Anpassung an Verluste des Alterns.

(3) Es ergibt sich damit zugleich eine weiterführende Kritik. Denn die Werthaltungen werden von situativen Faktoren determiniert, die nicht in der Person selbst liegen. Vor allem ist darauf zu verweisen, dass Erfahrungen der Bedrohung und Unsicherheit mit einer Präferenz von Bewahrungswerten einhergehen (vgl. Jost et al., 2003) und Erfahrungen der Zuwendung und Verlässlichkeit von Bezugspersonen mit einer stärkeren Betonung von Werten der Selbst-Transzendenz (Kasser et al., 1995; Mikulincer et al., 2003). Damit legt sich aber nahe, dass die strukturgenetischen Annahmen der religiösen Entwicklungsmodelle in Frage zu stellen sind (vgl. Streib, 2001) und eher von einer Pluralität möglicher Entwicklungsziele in Abhängigkeit vom Lebenskontext auszugehen ist (Baltes et al., 1998; Gennerich, 2010a, S. 403–406).

(4) Diese Relevanz kontextueller Bedingungen trifft auch andere Entwicklungsmodelle der Jugendforschung, die auf das Verhältnis Jugendlicher zur Religion angewendet werden. Zum Beispiel halten Jugendliche und junge Erwachsene zunehmend ihre Identitätsoptionen offen und legen sich nicht auf eine reflektierte (religiöse) Identität fest, weil sie die gesellschaftlichen Bedingungen als derart unvorhersagbar erleben, dass sie nicht gewillt bzw. in der Lage sind, ein Gefühl der Verbindlichkeit gegenüber konkreten Lebensentwürfen zu entwickeln. Die in der Tradition von Erikson (1966) und Marcia (1966, 1993) stehenden Modelle der Identitätsentwicklung bedürfen daher ebenfalls einer Neujustierung ihrer normativen Annahmen. So schlägt Arnett (2000, 2004) das Konzept der »emerging adulthood« vor, um der bis ins dritte Lebensjahrzehnt hineinragenden und sich in neueren Studien verstärkt abzeichnenden explorativen Haltung Rechnung zu tragen (vgl. Streib & Gennerich, 2011, S. 18–19).

Insgesamt lässt sich daher davon ausgehen, dass es die eine religiöse Entwicklungslogik nicht gibt, sondern dass die Subjekte religiöse Vorstellungen plausibel finden, die ihren Sinnbedürfnissen entsprechen. Neben dem Bedürfnis nach Kontrolle zeigte sich dabei auch der Sachverhalt, dass die präferierten Items in einer expressiven Relation zu den eigenen Erfahrungen stehen. Dies kann im Sinne des Selbstwertmotivs (▶ Kap. 2.1.3) so interpretiert werden, dass mit expressiv stimmigen Items die eigenen Erfahrungen und Gefühle gewürdigt und anerkannt werden. Der Bedeutung von Emotionen im Kontext des Themenfelds Jugend und Religion sei daher im nächsten Schritt vertiefend nachgegangen.

2.2.3 Religion und Emotionen

Emotionen gelten als Kristallisationskerne bei der Identitätskonstruktion Jugendlicher. Nach Haviland-Jones und Kalhbaugh (2000) strukturiert das autobiographische Gedächtnis Erfahrungen nach ihrem emotionalen Gehalt. So weisen Kindheits- und Jugenderinnerungen Erwachsener fast keine emotional neutralen Episoden auf; auch werden zur aktuellen Stimmung konkordante Episoden eher erinnert. Haviland und Kahlbaugh (2000) sprechen daher von Emotionen als »Kitt« der Identität. Das heißt: (1) Emotionen helfen, neue Erfahrungen und das Selbst miteinander zu verbinden, indem in den neuen Erfahrungen nach emotional bedeutsamen Mustern gesucht wird. (2) Sodann verbinden Emotionen verschiedenartige Erfahrungen, wenn dabei vergleichbare emotionale Prozesse aufgetreten sind. Die Zuschreibung emotionaler Bedeutung führt also zur Organisation von Erfahrungen in einem Netzwerk, das als Ganzes die Identität ausmacht (S. 294).

Das Jugendalter gilt als das Zeitfenster im Lebenslauf, in dem die Identitätskonstruktion besonders virulent ist (Erikson, 1966; Marcia, 1966, 1993). In der Herkunftsfamilie praktizierte Relationen zur Kultur und zu den gesellschaftlichen Funktionsbereichen (Religion, Erziehung, Wirtschaft etc.) werden in Frage gestellt und individuell vor dem Hintergrund der eigenen, emotional relevanten Erfahrungen neujustiert. Es liegt daher nahe, die Beziehung von Emotionen und Religion genauer zu betrachten und für das Jugendalter zu spezifizieren.

Wie stehen Religion und Emotionen in Beziehung? Religiöse Menschen, die an ein Leben nach dem Tod glauben, zeigen eine größere Akzeptanz des Todes und weniger Angst vor dem Tod

(Harding et al., 2005). Gebet führt zu einer Ärger-Reduktion in Situationen, in denen man provoziert und verletzt wurde, wobei dieser Effekt auf eine neue Deutung der Situation im Gebet zurückzuführen ist (Bremner et al., 2011). Auch die inzwischen stark anwachsende Dankbarkeitsforschung zeigt, dass Dankbarkeit mit Religiosität (McCullough et al. 2002) in Beziehung steht und Beten zu einem Anstieg von Dankbarkeit führt (Lambert et al., 2009). Dankbarkeit kann dann wiederum weitere Einflüsse auf andere Emotionen haben, z.B. kann sie die Angst vor dem Tod und vor Rezidiven bei Krebspatient*innen reduzieren (Otto et al., 2016).

Auch direkt kann gezeigt werden, dass Religiosität mit der Häufigkeit und Effektivität kognitiver Neubewertungen, d.h. religiöser Deutungskompetenz, einhergeht, sodass negative Erfahrungen in einer positiv-konstruktiven Weise neu interpretiert (Vishkin et al., 2016) bzw. religiös erwartete Emotionen erzielt werden können (Vishkin et al., 2019).

Weiterführend kann gezeigt werden, dass der Glaube daran, dass man Emotionen beeinflussen kann, tatsächlich zu einer besseren Emotionsregulation führt. Experimentell kann sogar die Erwartung einer Regulierbarkeit von Emotionen temporär erzeugt werden, was dazu führt, dass anschließend effektiver negative Emotionen in Folge einer aversiven Situation reguliert werden können (Bigman et al., 2016). Religion ist in dieser Beziehung relevant, weil die religiöse Kultur von den Gläubigen erwartet, dass sie ihre Gefühle regulieren und ein tugendhaftes Emotionsprofil entwickeln (z.B. Liebe, Dankbarkeit, Ehrfurcht, reduzierter Ärger; Allen, 1997; Vishkin et al., 2014; Watts, 2007). Schuld hat im Christentum eine spezielle Bedeutung als Feedbackmechanismus, der über Rituale reguliert wird und die Gemeinschaft stärkt (Vishkin et al., 2014, S. 254–255). Im Detail lässt sich sogar nachweisen, dass Religiosität mit dem Wunsch nach solchen Emotionen verbunden ist, die die eigenen religiösen Überzeugungen stärken, nicht jedoch mit Emotionen, die soziales Engagement fördern oder reduzieren (Vishkin et al., 2020). Dabei gilt ganz allgemein, dass abhängig von bevorzugten Werten korrespondierende Gefühle gewünscht werden (z.B. wird bei einer prosozialen Motivation Mitgefühl gewünscht und bei einer Präferenz für Machtwerte wird mehr Stolz gewünscht und Ärger akzeptiert; Tamir et al., 2016). Zugleich werden in der Religionskultur Deutungen, Vorstellungsbilder und Rituale bereitgestellt, die helfen, Emotionen effektiv zu regulieren; z. b. im Kontext der Beichte, sodass Schuld und Scham durch eine effektive Selbst-Vergebung reduziert werden können (Martinez-Pilkington, 2007). Es mag daher nicht verwundern, dass sich auch in kulturvergleichenden Studien nachweisen lässt, dass sich für das Judentum, Christentum und den Islam spezifische Emotionsprofile nachweisen lassen (vgl. Kim-Prieto & Diener, 2009). Beispielsweise ist für christliche Studierende (18- bis 23-Jährige) »Liebe« besonders relevant, d. h. sie gilt als besonders wünschenswert, wird besonders häufig erlebt und kann durch religiöse Anregungen in ihrer Ausprägung gesteigert werden. Gleiches gilt mit Blick auf muslimische Studierende für die Emotion »Scham« (Kim-Prieto & Diener, 2009, S. 454–455).

In jüngster Zeit hat sich auch das Verständnis für religiöse Bewältigungsformen ausdifferenziert. Vishkin und Tamir (2020) analysieren das religiöse Gebot »Fürchte dich nicht«. Klassisch werden in der Coping-Forschung problemfokussierte und emotionsfokussierte Bewältigungsstrategien unterschieden. Die Terror-Management-Theorie (TMT) adressiert den problemorientierten Weg der Angstbewältigung. Demnach bewirkt die bewusste Wahrnehmung der eigenen Endlichkeit bzw. des eigenen Todes, dass Angst entsteht (terror). Dieser Angst kann begegnet werden, indem der eigene Selbstwert gesteigert und die eigene Weltsicht stabilisiert wird. Denn die eigene Weltsicht kann zumindest eine symbolische Unsterblichkeit vermitteln (Greenberg et al., 1990). Wenn z. B. die eigene kulturelle Weltsicht christlich geprägt ist, dann bewirkt eine Stabilisierung dieser Weltsicht eine gesteigerte Auferstehungshoffnung, mit der theologisch eine bleibende Würdigung der eigenen Identität verbunden ist. Wenn der Tod als Gemeinschaft mit Christus und nicht als Ende interpretiert wird, dann ist der Gedanke an den eigenen Tod nicht mehr emotional destabilisierend (vgl. Vishkin & Tamir, 2020, S. 326). Vishin und Tamir (2020) verweisen darauf, dass eine emotionsfokussierte Bewältigung von Angst mindestens genauso relevant ist. Sie nehmen an, dass Religion in Situationen, in denen die eigenen Handlungsmöglichkeiten begrenzt sind, eine Form der sekundären Kontrolle bereitstellt, z. B., indem im Gebet das Gespräch mit Gott gesucht wird. Ebenso definiert Religion klare Ziele für die Emotionsregulation, sodass z. b. Dankbarkeit oder Freude als prägendes Gefühl erstrebt und auch erreicht wird, sodass das Gefühl der Angst in seiner Intensität reduziert wird (siehe die oben bereits berichteten Befunde). Religiöse Menschen seien daher mit einer geringeren Wahrscheinlichkeit in Grübelschleifen gefangen und können eher als nicht religiöse Menschen gegebene Situationen akzeptieren. Die aktuellen Forschungsbefunde zur Emotionsregulation belegen daher, dass religiöse Menschen Todesangst sowohl über problemfokussierte wie über emotionsfokussierte Bewältigungsstrategien reduzieren können (Harding et al., 2005; Vail et al., 2010, Vishkin & Tamir, 2020; Webber et al., 2015).

Wenige Studien haben den Zusammenhang von Religion und Emotionen auch im Kontext des Jugendalters untersucht. Es empfiehlt sich daher, bevor wir nach Zusammenhängen zwischen Religion und Emotionen fragen, zunächst die Besonderheiten für das emotionale Erleben von Jugendlichen zu klären, die auch in Bezug auf das Themenfeld Religion, Glaube und Sinnsuche zu bedenken sind:

Im Jugendalter wird aufgrund der Fähigkeit zum abstrakten Denken ein vertieftes Bewusstsein für *Schuld* möglich. Verschiedene Studien können diesen Entwicklungsprozess differenzieren. So begreifen Jugendliche mit einer größeren Wahrscheinlichkeit auch ausgebliebene Handlungen, übersehene Verantwortlichkeiten und verfehlte Ideale als Schuld (Tangney, 1998, S. 11). Auch die abstrakte Erkenntnis von Ungleichheit zum eigenen Vorteil, ohne dass Regeln verletzt wurden, kann zum Erleben von Schuldgefühlen führen (Baumeister et al., 1994, S. 253). Die neue Fähigkeit zur Abstraktion bedingt des Weiteren abstrakte Selbstattributionen, die sich im Falle negativer Attribute als globale Selbstabwertungen darstellen (Habermas, 2001, S. 217). Im Detail zeigen Bybee und Zigler (1991) für 11-, 14-, 17-jährige Schüler*innen sowie Studierende, dass die Diskrepanz zwischen realem Selbstbild und idealem Selbstbild mit dem Lebensalter zunimmt und dass »Schuld« mit Selbstbild-Diskrepanzen korreliert. Bybee und Zigler führen diese Entwicklung darauf zurück, dass im Jugendalter die Fähigkeit zum kognitiven Differenzieren (zwischen Ideal- und Realselbstbild) zunehme, ebenso wie die Fähigkeit zum Aneignen komplexer moralischer Standards, sodass es schwieriger werde, die eigenen Standards zu erfüllen. Entsprechende Selbstbild-Diskrepanzen belasten daher zunehmend das Selbstwertgefühl, sodass daraus »Scham« resultiert.

Schamgefühle stehen auch mit jugendtypischen Exklusionsmechanismen in Verbindung. Wertenbruch und Röttger-Rössler (2011) zeigen, dass in der Schule Schamsituationen weitgehend durch Peernormen definiert werden. Da schambezogene Urteile (»voll peinlich«) über Inklusion und Exklusion in der Peergruppe entscheiden, gehen Schamsituationen zugleich mit Angst einher und bewirken Konformität gegenüber den Normen der Peergruppe. Wer sie nicht vermeiden oder bewältigen kann, reagiert mit Feindseligkeit oder depressiven Symptomen. So kann nach Heaven et al. (2009) aufgrund von Schamgefühlen in der 9. Klasse ein Anstieg von Feindseligkeit in der 10. Klasse vorhergesagt werden. Ebenso erweisen sich Schamgefühle bei Jugendlichen als prädiktiv für depressive Symptome im frühen Jugendalter (De Rubeis & Hollenstein, 2009). Offensichtlich sind also nicht nur einzelne Handlungen von Exklusion bedroht, sondern immer die ganze Person. Noch deutlicher als bei Handlungen steht der Körper mit einer globalen Bewertung des eigenen Selbst in Beziehung, sodass es im Jugendalter zu einer Intensivierung körperbezogener Schamgefühle kommt. Rosenkranz und Kolleg*innen (2000) benennen dafür die möglichen Ursachen. Zum einen finden körperliche Veränderungen in der Jugendzeit statt, die in Diskrepanz zu geltenden Körpernormen stehen, sodass sich entsprechende Schamgefühle entwickeln, die noch dadurch intensiviert werden, dass Jugendliche sich verstärkt aus der Sicht anderer wahrnehmen und bewerten. Darüber hinaus werde in der »individualisierten Klassengesellschaft« Ungleichheit verstärkt an der Biographie festgemacht, sodass beschämende Mängel kaum durch

Gruppenbezüge kompensiert werden könnten. In ihrer eigenen Studie zur Körperscham bei Jugendlichen finden Rosenkranz und Kolleg*innen, dass Nacktheit und Situationen, in denen der eigene Körper potenziell negativ bewertet werden kann, stark Scham auslösen.

Studien zur Bedeutung von Religion im Kontext dieser emotionalen Entwicklungsprozesse bezogen auf Schuld und Scham wurden bisher nur wenige durchgeführt. Künkler, Faix und Jäckel (2020) konnten beispielsweise für eine Stichprobe von 14- bis 29-Jährigen (M = 19,51) zeigen, dass »hochreligiöse« Jugendliche und junge Erwachsene im Vergleich zu ihren »religiösen« (mittlere Ausprägung) Peers »Schuld« als eigenständige Emotionsdimension konzipieren, wohingegen die nur mittelreligiösen Jugendlichen in der Beziehung zu Gott lediglich positive und negative Gefühle differenzieren, sodass »Schuld« Teil des negativen Emotionsbündels gegenüber Gott ist. Dieser Konzeptionalisierungsunterschied bezogen auf die Emotionen gegenüber Gott lässt sich in der Interpretation der Studie auch auf theologische Strömungen in den evangelischen Kirchen zurückführen, wonach es in der Schleiermacherschen liberalen Traditionslinie nicht nötig sei, sich vorher schuldig zu fühlen, um Erlösung zu erfahren, wohingegen in der konservativen Interpretation der lutherischen Rechtfertigungslehre die Wahrnehmung von »Schuld« Voraussetzung für die Erlösung sei. Bezogen auf Scham zeigen Marcinechová und Záhorcová (2020) für eine Stichprobe mit jungen Erwachsenen (M = 23,66), die über das Internet rekrutiert wurden, dass religiöse Befragte, die sich von Gott bestraft fühlen, eher Scham empfinden, insbesondere bezogen auf ihre Sexualität. Die Autorinnen vermuten, dass die sexuelle Scham als Strafe für zurückliegendes Handeln interpretiert werden könnte. Diese Befunde werfen zumindest die Frage auf, ob Religion bezogen auf Schuld- und Schamerfahren eher entlastend oder belastend wirkt. Diesen Faden werden wir weiter unten in diesem Kapitel im Zusammenhang mit einer eigenen Studie wieder aufnehmen.

Auch mit Blick auf *Angst* lassen sich charakteristische Veränderungen im Jugendalter annehmen. Petri (1996) belegt durch ein Literaturreview, dass sowohl Kinder als auch Jugendliche über die Gefahrenpotenziale des Lebens einen hohen Informationsstand besitzen. Dadurch steigen mit dem Lebensalter negative Zukunftsprojektionen: 4 % bei Zweitklässlern, 44 % bei Viertklässlern, 79 % bei Achtklässlern. Petri geht davon aus, dass sich diese Bedrohungswahrnehmungen pathologisch verdichten können und pädagogisch ernst genommen und bearbeitet werden müssen. Die Erkenntnisse zum Einfluss von Religion auf das Angsterleben im Jugendalter sind bislang fragmentarisch. Bezogen auf allgemeine Lebensängste lässt sich zeigen (vgl. Feige & Gennerich, 2008, S. 138–146 u. 162–167), dass sich diese auf das beziehen, was Jugendlichen wichtig ist und was sie zugleich als bedroht ansehen (z. B. Gesundheit und Frieden). Der Begriff der Angst fängt dabei vergleichbare Sachverhalte ein wie der theologische Begriff der Sünde. Dabei repräsentieren Ängste eine auf die Zukunft ausgerichtete Perspektive, der im Allgemeinen auch theologische Kategorien entsprechen, weil diese immer die konkrete Gegenwart transzendieren. Differenzierte Studien zur Angstverarbeitung Jugendlicher mit Rückgriff auf religiöse Vorstellungen sind jedoch noch ein Forschungsdesiderat. Hutter (2021) hat in einer von mir betreuten Bachelorarbeit bei 220 Jugendlichen (10 bis 25 Jahre, M = 15,55; 40 % männlich, 60 % weiblich) 18 Gefühle gegenüber Gott erfasst, die Wertedimension nach Schwartz in der 10 Item-Version des WVS (Welzel, 2010) sowie State- und Trait-Angst mit dem STAI (kurze Version mit je 10 Items; Grimm, 2009; Laux et al., 1981). Die 18 Gefühle gegenüber Gott werden hier für die Darstellung in Abbildung 2.9 ipsatiert und einer Faktorenanalyse unterzogen. Es wurde ein Faktor extrahiert (Eigenwerteverlauf: 6,86; 1,41; 1,27; 1,16; 1,03; ...), der am positiven Pol über die Faktorladungen die Gefühle Dankbarkeit (.82), Liebe (.82), Freude (.76) und Hoffnung (.76) repräsentiert und am negativen Pol die Gefühle Ärger (-.68), Abscheu (-.65) und Neid (-.64).

Abbildung 2.9 zeigt, dass besonders Jugendliche im Feldbereich unten/rechts, der die Werte Sicherheit und Macht repräsentiert, Angst zum Ausdruck bringen. Ebenfalls im unteren Feldbereich positioniert sich der negative Pol des Emotionsfaktors (direkte Korre-

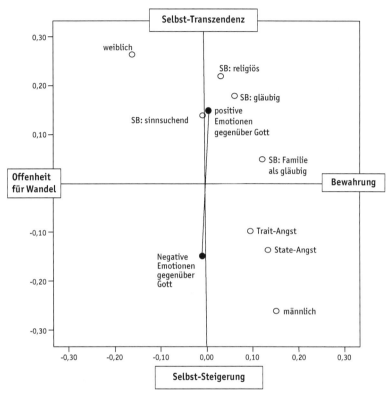

Abb. 2.9: Religiöse Selbsteinschätzung, Gefühle gegenüber Gott sowie State- und Trait-Angst in Korrelation mit den Wertedimensionen (10- bis 25-Jährige, M = 15,55; N = 220)

lation mit Trait-Angst r = -.21 und mit State-Angst r = -.27). Jugendliche, die sehr ängstlich sind, haben demnach ein eher durch negative Gefühle geprägtes Gottesbild. Im Bereich oben/rechts positionieren sich positive Gefühle gegenüber Gott und explizit religiöse Selbstbezeichnungen (»Ich würde mich/meine Familie als ... bezeichnen«), wobei der Sinnbegriff (»sinnsuchend«) etwas offener und daher mittiger verortet ist. Die Selbstbezeichnungen sind dabei unterschiedlich stark mit Angst assoziiert (religiös*traitA r = -.06, *stateA

r = -.16; gläubig*traitA r = .04, *stateA r = -.15; Familie als gläu-
big*traitA r = .03, *stateA r = -.05; sinnsuchend*traitA r = .03, *stateA
r = -.09). Es zeigt sich, dass Trait-Angst nicht signifikant mit den
Selbstbezeichnungen zusammenhängt, anders als State-Angst, die bei
»religiösen«, »gläubigen« und »sinnsuchenden« Jugendlichen tendenziell geringer ist. Dass sich bei der Trait-Angst keine konsistenten
und signifikanten Effekte zeigen, könnte damit erklärt werden, dass
sich männliche Jugendliche ihrer Rolle gemäß als eher wenig
ängstlich darstellen und weibliche Jugendliche religiöser sind und
mit steigender Religiosität und Gottvertrauen die Welt als weniger
bedrohlich wahrgenommen wird. Die Effekte würden sich dann ge-
genseitig ausbalancieren, sodass sich kein Effekt in den Daten zeigt.
Etwas anders verhält es sich beim emotionalen Profil des Gottesbildes, das mit ipsatierten Rohwerten berechnet wurde, d. h. Antwort-
tendenzen wurden korrigiert, sodass der generelle Grad an Emoti-
onszuschreibung gegenüber Gott zugunsten des inhaltlichen Profils
nivelliert wurde. Bei diesen Daten zeigt sich dann, dass das Gottesbild
den eigenen Gefühlsmustern entspricht und diese zumindest partiell
zum Ausdruck bringt.

Beim *Ärgererleben* gibt es insbesondere bezogen auf die Regulation
von Ärger-Ereignissen Veränderungen im Jugendalter. Salisch und
Vogelgesang (2005) zeigen, dass im Jugendalter die Fähigkeit zunimmt, Ärger in Freundschaften über Verhandeln zu regulieren. Dem
liege zugrunde, dass im Jugendalter die Fähigkeit zur Perspektivenübernahme besser wird, sodass auch die Perspektive des anderen
wahrgenommen werden kann. Damit steige die Fähigkeit, Ärgerer-
fahrungen bezogen auf die Anteile der eigenen und anderen Person
balancierter wahrzunehmen. Ebenso nehmen aggressive Strategien
in Freundschaften ab, weil sich Freundschaften in ihrer Qualität in-
tensivieren, da vermehrt persönliche Erfahrungen reflektiert werden. Carlozzi et al. (2010) zeigen für Jugendliche, dass »spirituelle
Überzeugungen« (z. B. »ich kann in schwierigen Zeiten Sinn stiften«,
»ich glaube an die Qualitäten, die in meinem Inneren liegen«, »meine
spirituellen Überzeugungen entwickeln sich«) mit einer geringen
Bereitschaft zu einem konstruktiven Ärgerausdruck einhergehen

(r = -.36) und einen aggressiven Ärgerausdruck wahrscheinlicher machen (r = .29). Dieser Befund entsprach nicht den Erwartungen der Autor*innen. Er könnte jedoch darauf zurückgeführt werden, dass hier Spiritualität nicht über eine Partizipation in Religionsgemeinschaften mit ihren Traditionen gemessen wurde, sodass sich in der Spiritualitätsmessung ein gewisser Egozentrismus abbildet bzw. die negative Bewertung von Ärger in der christlichen Tradition in der Selbstdarstellung der Jugendlichen keinen Eingang gefunden hat (vgl. Härle, 1990). Anders verhalten sich die Korrelationen, wenn die Zentralität der Religiosität im Anschluss an Stefan Huber (Huber & Huber, 2012) gemessen wird (hier: Daten der von mir betreuten Abschlussarbeiten von D. Weiss und J. Rother aggregiert; N = 124, 10- bis 17-Jährige, M = 13,81; 44 % weiblich, 56 % männlich), wobei vergleichbar zur Studie von Carlozzi et al. der Ärgerausdruck über den STAXI-2 (KJ) gemessen wurde (vgl. Kupper & Rohrmann, 2016). Die Zentralitätsskala korreliert mit einem konstruktiven Ärgerausdruck ebenfalls negativ (r = -.09), jedoch erwartungsgemäß tendenziell negativ mit einem aggressiven Ärgerausdruck (r = -.06) und positiv mit einer deutenden Ärger-Reduktion (r = .04). Dieses Muster wird differenziert durch die Korrelationen der Skalen im Wertefeld.

Es zeigt sich in Abbildung 2.10, dass die Zentralität der Religiosität erwartungsgemäß in Opposition zum aggressiven Ärgerausdruck (Ärger-out) im oberen Feldbereich verortet ist und entsprechend auch positiv mit der Unterdrückung von Ärger korreliert (Ärger-in im Feldbereich oben/rechts). Allerdings könnte die gleichermaßen gegebene örtliche Nähe zum konstruktiven Ärgerausdruck auch mit einer positiven Korrelation mit der Skala Ärger-control einhergehen, was jedoch nicht der Fall ist. Ärger wird im Kontext einer zentral in der Persönlichkeit verankerten Religiosität offenbar grundsätzlich im Erleben reduziert (vgl. Hockey, 2017).

Bezogen auf *Neid* zeigt eine Studie von Massé und Gagné (2002), dass Jugendliche ihre Peers vor allem hinsichtlich finanzieller Ressourcen und Beliebtheit (Freunde finden, eine Liebesbeziehung haben) beneiden. Die Intelligenz und die Talente anderer werden dagegen kaum beneidet. Die Autoren vermuten, dass diese Merkmale

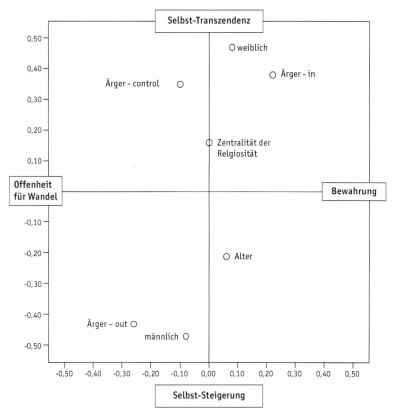

Abb. 2.10: Zentralität der Religiosität sowie die drei Skalen des Ärgerausdrucks (STAXI-2 KJ) in Korrelation mit den Wertedimensionen (10- bis 17-Jährige, M = 13,81; N = 124)

aufgrund ihrer Unveränderbarkeit keinen Raum für Wettbewerb lassen und damit weniger Raum für Neid bieten. Werden Jugendliche dagegen gefragt, wofür sie beneidet werden, nennen sie vor allem ihre Fähigkeiten und Schulleistungen. Die Autoren vermuten hier, dass in der sozialen Interaktion eher weniger brisante Formen des Neids mitgeteilt werden (z. B. bezogen auf Schulleistungen, aber nicht auf finanzielle Ressourcen). So spiegele sich bei den Themenbereichen, in denen man von anderen beneidet wird, der Neid, der mit weniger Feindseligkeit einhergehe. Eine gewisse Entwicklungskurve scheint sich bei Parker et al. (2010, S. 531) auch im Erleben von Eifersucht bezogen auf Freundschaften anzudeuten: Zwischen der 5. und 8. Klasse wird die Eifersuchtsneigung geringer, was auf eine gesteigerte kognitive Flexibilität und Deutungskompetenz bezogen auf soziale Beziehungen zurückgeführt werden kann. Dass danach jedoch Eifersucht wieder leicht ansteigt, ließe sich weniger gut erklären. Hier ist zu vermuten, dass es sich um einen wenig stabilen Einzelbefund handelt, oder aber, dass das Thema Partnerschaft im späten Jugendalter wichtiger wird und entsprechende Konfliktsituationen wahrscheinlicher werden. Ein weiterer bedeutsamer Erfahrungsort für Eifersucht im Kindes- und Jugendalter sind Geschwisterbeziehungen. Aggressionen und Gewalt zwischen Geschwistern haben hier meist ihre Ursache (Volling et al., 2010, p. 387). Vor allem bezogen auf Neid sind präventive theologische Deutungsperspektiven, die im Unterricht erarbeitet werden können, denkbar (Gennerich, 2015b). Mehl (2019, S. 51) konnte in einer explorativen Studie in dieser Hinsicht zeigen, dass sich Jugendliche zur Bewältigung von Neid eher auf die eigenen Stärken und das Gemochtwerden im Peerkontext besinnen und weniger darauf, dass sie von Gott geliebt sind. Das lässt sich in einer Lebensstilanalyse darauf zurückführen, dass Jugendliche, die an Selbst-Steigerungswerten orientiert sind, häufiger Neid erfahren und gerade diese Jugendlichen zugleich eine größere Distanz zu religiösen Deutungen des Lebens haben (S. 53–58).

Entwicklungspsychologische Aspekte bezogen auf *Hoffnung* erläutert Levesque (2012, S. 1328). Im Jugendalter entwickele sich ein abstrakteres Verständnis von Zeit, Zukunft und Möglichkeit, das ein vertieftes Hoffnungsbewusstsein ermögliche. Der Zusammenhang ist hier der Folgende: Hoffnung lässt sich nicht ohne die Kategorie der Möglichkeit denken. Dieser Sachverhalt spiegelt sich auch in Definitionen, die Hoffnung als »Glaube an die Wirklichkeit des Möglichen« (Ulich, 1984, S. 377) oder »Sinn für das Mögliche« (Lynch, 1965, S. 32) kennzeichnen. Diese Dimension des Hoffnungsbegriffs gewinnt aus zwei Gründen im Jugendalter eine neue Tragweite. Zum einen ermöglicht die neue Fähigkeit zum abstrakten und hypothetischen Denken, Ziele und Hoffnungen für die Zukunft zu formulieren und sie mit der erfahrenen Realität zu konfrontieren. Der daraus resultierende Konflikt zwischen Hoffnung und Realität kann dann von Jugendlichen als sehr schwierig erlebt werden (Harter, 1990). Zum anderen müssen Jugendliche vor allem in den Lebensbereichen Arbeit und Familie Zukunftsperspektiven entwickeln (vgl. Reinders, 2002). Positive Zukunftserwartungen sind hier eine starke Motivationsquelle für wichtige Entscheidungen und auf die Zukunft ausgerichtetes Handeln (Nurmi, 1991). Die in diesem Zusammenhang erforderlichen Deutungsleistungen Jugendlicher sind jedoch in keiner Weise selbstverständlich. So zeigen z. b. Raffaelli und Koller (2005) für Jugendliche, die in Brasilien auf der Straße leben, dass diese ihre Hoffnungsfantasien sehr vage und ohne Realitätsbezug formulieren (z. b. »ein gutes Leben haben«, »reich zu sein«), wenn sie den Satzanfang »In der Zukunft hoffe ich...« ergänzen sollten. Aufgefordert, ihre Zukunftsperspektiven für sich persönlich zu formulieren (»Für mich wird die Zukunft...«), wurden ihre Satzergänzungen dagegen unsicher und pessimistisch. Im geforderten Realitätsbezug verliert sich ihre Hoffnung. Sinnvolle Zielsetzungen, die ein entsprechendes Handeln nach sich ziehen, verlangen nach den Befunden von Oettingen et al. (2001) jedoch, dass positive Zukunftsfantasien und die begrenzende Realität elaborierend aufeinander bezogen werden. Schließlich ist die spezifische »Hoffnung auf Unterstützung« im Jugendalter eine wichtige vermittelnde Variable zur Erklärung »nicht authentischen Verhaltens« (*false self behavior*) bei Jugendlichen (Harter et al., 1996). So bestimmt sich die Hoffnung auf Unterstützung durch das bisherige Ausmaß und die Qualität der Bedingungslosigkeit in der bisher erfahrenen Unterstützung von Eltern und Gleichaltrigen. Die Hoffnung auf Unterstützung erklärt dann nachfolgend das *false self behavior*, d. h., wie sehr Jugendliche meinen, sich verstellen zu müssen, um akzeptiert zu sein. Ohne Hoffnung ist also die adoleszente Identitätsarbeit deutlich belastet. Wenn nun bereits theoretisch das Potenzial von Religion im Kontext der Hoffnungskonstruktion festgehalten wird, dann ist davon auszugehen, dass sich entsprechende Effekte auch bei Jugendlichen nachweisen lassen und auch entwicklungsfördernd thematisiert werden können (vgl. Gennerich, 2019). Auch das Erleben von *Glück* lässt sich entwicklungspsychologisch differenzieren. Chaplin (2009) zeigt, dass Kinder und Jugendliche Glück in fünf Bereichen erleben: »Menschen und Tiere«, »Leistungen«, »materielle Dinge«, »Hobbies« und »Sport«. Zwischen dem 8. und 18. Lebensjahr zeigen sich dabei spezifische Entwicklungsmuster. So seien »Menschen und Tiere« durchgehend wichtig, die Bedeutung von »Leistungen« nimmt dagegen mit dem Lebensalter zu. »Materielle Dinge« sind bei 12- bis 13-Jährigen bedeutsamer als bei jüngeren Kindern und älteren Jugendlichen. »Sport« ist bei den 12- bis 13-Jährigen wiederum vergleichsweise unwichtig für ihr Glücksempfinden und relativ gesehen bedeutsamer für Kinder und ältere Jugendliche. Nach den von Bucher (2009) referierten Befunden spielen unter den verschiedenen Bereichen, in denen Glück erlebt werden kann, auch bei Jugendlichen zwischenmenschliche Begegnungen eine besonders relevante Rolle (Nähe, Akzeptanz, Gebrauchtwerden) (S. 14–15). Darüber hinaus zeige sich für das Jugendalter ein geringeres Glückserleben als in der Kindheit oder im Erwachsenenalter, wofür die körperlichen Veränderungen der Pubertät, Konflikte mit Eltern und Schulstress verantwortlich gemacht werden (S. 71). Oerter (2009) untersuchte konkret die Entwicklung des Glücksverständnisses. Es werden vier Stufen unterschieden: (1) In Stufe I wird Glück über Tätigkeiten und Besitz, insbesondere das Erhalten von Geschenken, definiert (ca. 6–8 Jahre). (2) In Stufe II wird Glück als Gefühlszustand definiert (ca. 9–14 Jahre); es steht insbesondere mit vollbrachten Leistungen in Beziehung, aber auch mit der Erfahrung von Gerechtigkeit und Geborgenheit. (3) In Stufe III wird Glück als Zufriedenheit mit sich selbst über erreichte Ziele und als gemeinsame Identität im wechselseitigen Austausch mit anderen definiert (ab ca. 15/16 Jahren, jedoch von nur wenigen erreicht). (4) In Stufe IV wird Glück durch die Mitwirkung an der Weiterentwicklung der Kultur und Gesellschaft definiert (ab ca. 20–22 Jahre). Auffällig sei, dass in der deutschen Stichprobe die Stufen 3 und 4 weniger oft erreicht werden als in der Ukraine und in China. Insbesondere Stufe 4 werde nur von chinesischen Probanden erreicht. Das Stufenkonzept scheint daher von kulturellen Faktoren beeinflusst zu werden, sodass es interessant wäre, der Frage in der Forschung nachzugehen, wie Religiosität das Verständnis und die Entwicklung der Stufen beeinflusst.

Schließlich lässt sich auch für *Dankbarkeit* eine jugendspezifische Entwicklung festhalten: Im frühen Jugendalter entwickelt sich die Fähigkeit zur Perspektivenübernahme, sodass Jugendliche besser die wohlwollenden Intentionen anderer verstehen können und es wahrscheinlicher wird, dass sie das Handeln anderer als Wohltat zur Verbesserung ihrer Lebenssituation interpretieren können. Das Jugendalter wirke daher wie ein Katalysator für das Erleben von Dankbarkeit und die Motivation, Wohltaten zu erwidern (Froh et al., 2011, S. 313). Bezogen auf Dankbarkeit liegen auch die meisten jugendspezifischen Studien zu Zusammenhängen mit Religion vor. Sie dokumentieren hohe Korrelationen zwischen Dankbarkeit als Persönlichkeitsdisposition und verschiedenen Religiositätsmessungen (Froh et al., 2011, S. 314; Ng & Chan, 2015, S. 143; Szczesniak et al., 2019, S. 8). Insbesondere Unterstützungserfahrungen mit religiösen Mentoren können selbstwertförderlich erlebt werden und zum Glaubensverständnis beitragen, sodass mehr Dankbarkeit erlebt wird (Ng & Chan, 2015, S. 144). Dankbarkeit wirkt sich dabei auch differenzierend auf die Gottesbilder aus, sodass negative Gottesbilder weniger wahrscheinlich werden und das religiöse Wohlbefinden steigt (Szczesniak et al., 2019, S. 8).

An der PH Ludwigsburg werden *Emotionen und Gottesbilder* in Abhängigkeit von den kontextuellen Erfahrungen der Schüler*innen erforscht. Die soweit berichteten Befunde zu einzelnen Emotionen können mit diesen Projektdaten weiter vertieft werden, weil hier Gefühle gegenüber Gott inhaltlich repräsentativ erfasst werden und ihr Bedeutungsgehalt über Zusammenhänge mit Werten dargestellt wird.

Tab. 2.1: Gefühle gegenüber Gott (»Wenn ich an Gott denke, dann fühle ich …«) bei 10- bis 25-Jährigen (M = 13,67; N = 357–568; prozentuale Verteilung, Mittelwerte und Standardabweichungen)

Wenn ich an Gott denke, fühle ich …	trifft gar nicht zu	trifft eher nicht zu	weder noch	trifft eher zu	trifft völlig zu	M	S
Dankbarkeit	9,0	4,4	8,5	30,2	48,0	4,04	1,25
Liebe	13,9	8,4	12,5	25,9	39,3	3,68	1,42
Hoffnung	8,5	4,9	13,6	30,8	42,3	3,93	1,23
Freude	9,2	6,5	14,1	34,3	35,9	3,81	1,25
Stolz	20,6	8,5	24,8	24,0	22,2	3,19	1,42
Berührtsein durch Schönheit	25,5	10,1	30,0	13,5	20,8	2,94	1,45
Ehrfurcht	30,5	10,5	24,3	19,1	15,6	2,79	1,45
Mitleid	38,1	15,1	23,9	10,7	12,2	2,44	1,40
Traurigkeit	40,3	25,7	16,4	12,1	5,5	2,17	1,23
Schuld	40,0	19,7	20,1	13,7	6,5	2,27	1,29
Scham	46,2	23,8	17,9	7,0	5,0	2,01	1,17
Angst	43,7	25,3	16,5	7,8	6,7	2,08	1,23
Ärger	48,9	23,1	15,7	8,5	3,9	1,95	1,15
Neid	57,4	16,5	18,3	4,8	3,0	1,79	1,09
Abscheu	63,5	15,3	15,0	3,9	2,3	1,66	1,02

Methodisch wurden die Gefühle gegenüber Gott orientiert an der Emotionsliste von Lazarus (1999, S. 96) gemessen. Zusätzlich wurde die 10 Items umfassende Wertemessung des World Value Surveys im Anschluss an den PVQ-21 (Portraits Value Questionnaire) von Schwartz integriert (vgl. Gennerich, 2018b, S. 17–20; Schmidt et al.,

2007). Der akkumulierte Datensatz umfasst N = 568 befragte Jugendliche, lediglich bei den Items »Liebe« und »Scham« sind es N = 359 und N = 357. Tabelle 2.1 zeigt, wie bei den Schüler*innen der Sekundarstufe I die Emotionen gegenüber Gott profiliert sind. Die Befragten, die in der Regel den Religionsunterricht besuchen, empfinden bezogen auf »Gott« Dankbarkeit, Liebe, Hoffnung und Freude. Ärger, Neid, Scham und Abscheu/Ekel wird bezogen auf »Gott« eher nicht erlebt. Es lässt sich daher sagen, dass »Gott« für die Befragten eine Ressource darstellt, weil die Aktivierung eines Denkens an Gott eben dominierend positive Gefühle auslöst. Mit Rückgriff auf Fredricksons (2004) »broaden-and-build theory of positive emotions« gilt nämlich, dass Dankbarkeit wie auch die anderen positiven Emotionen flexibles und kreatives Denken ermöglichen, sodass Mitglieder einer Organisation flexibler, kreativer und empathischer mitarbeiten und sich in der Interaktion mit anderen wohler fühlen (Fredrickson 2004, S. 153 u. 159). Gefühle der Dankbarkeit gegenüber Gott können daher einen toleranteren Umgang mit anderen Menschen fördern.

In Abbildung 2.11 werden die Gefühle gegenüber Gott in Korrelation mit den beiden Wertedimensionen dargestellt. Es zeigt sich, dass im oberen Feldbereich die positiven Emotionen verortet sind und im unteren Feldbereich die negativen Emotionen. Konkret drücken Jugendliche mit universalistischen und prosozialen Werten eher Liebe, Dankbarkeit, Freude und Hoffnung gegenüber Gott aus, wohingegen Jugendliche, die stärker Leistungs- und Machtwerte betonen, negative Gefühle wie Abscheu, Traurigkeit, Ärger und Schuld gegenüber Gott ausdrücken.

Diese Zusammenhänge bestätigen parallele Befunde bei Feige und Gennerich (2008) bezogen auf die Begriffe »Gottes Segen« (S. 154), »religiös« (S. 156) und »Kirche/Moschee« (S. 160) – wobei ebenfalls nach Gefühlsassoziationen gefragt wurde (z. B. Dankbarkeit, Schuld, Freude). Positive Emotionen wie Freude und Dankbarkeit korrelieren auch hier mit dem Pol der Selbst-Transzendenz und Schuld mit dem Pol der Selbst-Steigerung. Insbesondere verhält sich der Befund stimmig zu den Erfahrungshintergründen in den genannten Feldbe-

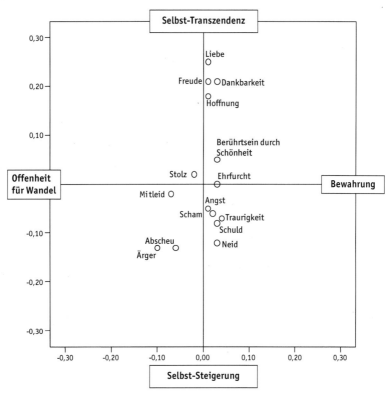

Abb. 2.11: Gefühle gegenüber Gott (»Wenn ich an Gott denke, fühle ich ...«) in Korrelation mit den Wertedimensionen (10- bis 25-Jährige, M = 13,67; N = 568)

reichen (Gennerich, 2018b), denn Jugendliche im oberen Feldbereich erfahren ihre Eltern vor allem unterstützend und verständnisvoll (S. 32), wohingegen Jugendliche in den unteren Feldbereichen ihre Eltern eher bestrafend erleben und darüber hinaus in einem stärkeren Ausmaß persönliche Probleme beklagen (S. 33). Die Emotionen gegenüber Gott spiegeln daher in erster Linie die allgemeinen Lebenserfahrungen der Befragten.

Schließlich zeigt sich mit einer leichten Tendenz, dass ein Berührtsein durch die Schönheit Gottes bzw. die Erfahrung der Ehrfurcht mit einer Präferenz für Traditionswerte einhergeht (▸ Abb. 2.1). Der Befund steht daher mit der Möglichkeit in Beziehung, dass Jugendliche z. b. in der Beschäftigung mit der religiösen Tradition einen emotionalen Erlebnisgewinn generieren.

In einer weiterführenden Perspektive stellt sich die Frage nach der Beziehung der religiösen Emotionen gegenüber Gott zur allgemeinen Emotionalität in der Lebenswelt. In einem weiteren Frageblock wurden die Jugendlichen daher gebeten, anzugeben, wie stark verschiedene Gefühle bei ihnen durch ihren lebensweltlichen Kontext ausgelöst werden. Eine korrelative Analyse führt hier zu aufschlussreichen Zusammenhängen.

Abbildung 2.12 bestätigt die bisherige Interpretation, da tatsächlich die lebensweltliche Erfahrung der befragten Schüler*innen im unteren Feldbereich durch Emotionen wie Neid, Abscheu, Ärger und Scham geprägt ist, wohingegen bei den Befragten im oberen Feldbereich die Lebenswelt vor allem Gefühle der Dankbarkeit, Liebe, Freude und Hoffnung auslöst. Es legt sich angesichts dieser Befunde nahe, dass die lebensweltlichen Gefühle in einem wechselseitigen Zusammenhang stehen mit den Gefühlen gegenüber Gott. Das lässt sich auch anhand der direkten Korrelationen überprüfen, wie sie in Tabelle 2.2 dokumentiert werden.

Tabelle 2.2 präsentiert die direkten Korrelationen der Emotionen gegenüber Gott mit den lebensweltlich vorherrschenden Emotionen. In der ersten Spalte stehen jeweils die Emotionen Gott gegenüber. In den Zeilen stehen dann jeweils die Korrelationen des Gefühls Gott gegenüber mit den parallelen Emotionen, die die Befragten in der »Welt« prägen. Es zeigt sich, dass die lebensweltlichen Gefühle durchweg stark mit den entsprechenden Gefühlen in der Beziehung zu Gott korrelieren. Darüber hinaus zeigen sich auch teilweise hohe Korrelationen mit jeweils verwandten Gefühlen. Lebensweltliche Erfahrungen von Abscheu und Ekel gehen in der Beziehung zu Gott nicht nur mit der gleichen Emotion »Abscheu« einher, sondern auch mit den belastenden Emotionen »Ärger« und »Schuld«. Oder lebensweltliche Freude steht mit dem Gefühl der Dankbarkeit gegenüber Gott in Beziehung. Insgesamt lässt sich daher soweit feststellen,

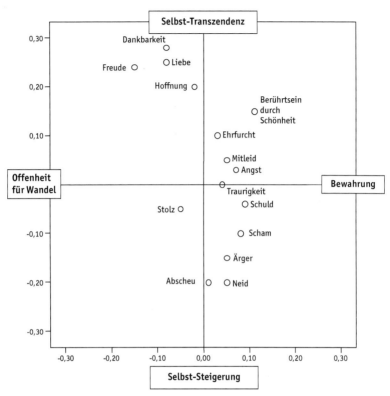

Abb. 2.12: Gefühle in der Lebenswelt (»Die Welt, in der ich lebe, löst in mir aus …«) in Korrelation mit den Wertedimensionen (10- bis 25-Jährige, M = 14,43; N = 422)

dass lebensweltliche Emotionen in die Beziehungserfahrung mit Gott transportiert werden. Beziehungsweise die kausale Richtung kann auch umgedreht interpretiert werden, sodass die religiöse Kultivierung von Dankbarkeit in der Gottesbeziehung Erfahrungen der Dankbarkeit und Freude in der Lebenswelt wahrscheinlicher macht.

Tab. 2.2: Emotionen gegenüber Gott in Korrelation mit Emotionen in der Lebenswelt (10- bis 25-Jährige; N = 387–392)

Gott*/ Welt**	1	2	3	4	5	6	7	8	9	10	11	12	13
Freude (1)	**,38**	-,03	,01	,04	-,00	**,33**	,18	,09	,17	-,17	**,38**	-,10	,23
Traurigkeit (2)	-,01	**,27**	,20	,29	,25	-,03	,10	,16	,12	,22	-,02	,16	,13
Schuld (3)	-,02	,25	**,38**	,30	,27	-,05	,22	,17	,03	**,30**	-,08	,23	-,02
Angst (4)	-,03	,19	,19	**,33**	,21	-,06	,10	,15	,08	,20	-,02	,11	-,05
Ärger (5)	-,03	**,27**	,27	,25	**,33**	-,02	,15	,16	,09	**,29**	-,02	,22	,12
Hoffnung (6)	,27	,08	,06	,12	,06	**,38**	,17	,15	,11	-,06	**,33**	,02	,23
Ehrfurcht (7)	,05	,13	,19	,13	,13	,05	**,40**	,06	-,07	,12	,11	,03	,12
Mitleid (8)	,15	,09	,09	,12	,03	,19	,17	**,30**	,06	,07	,09	,06	,16
Stolz (9)	,23	,12	,14	,11	,03	,28	,05	,14	**,38**	-,04	,27	,03	,23
Abscheu (10)	-,07	,19	,15	,21	,17	-,11	,11	,11	,05	**,26**	-,08	,19	,02
Dankbarkeit (11)	**,33**	,05	,04	,02	,03	**,35**	,23	,12	,21	-,11	**,42**	,04	,28
Neid (12)	,07	,21	,20	,24	,18	-,04	,10	,01	,13	,25	00	**,30**	,02
Schönheit (13)	,13	,12	,09	,11	,02	,18	,14	,13	,00	-,08	,21	,00	**,38**

* »Wenn ich an Gott denke, fühle ich ...«
** »Die Welt, in der ich lebe, löst in mir aus ...«
Anmerkung: Korrelationen ab r = (-).13 sind zweiseitig mit p = .01 signifikant.

In einer von mir betreuten Masterarbeit zu Scham- und Beschämungserfahrungen mit Social Media hat Farsch (2021) 272 Jugendliche (10- bis 19-Jährige, M = 13,83) befragt. Der Fokus lag dabei auf dem *Einfluss von Religiosität und unterschiedlicher Selbstwertbegründungen auf das Schamerleben im Kontext der Social-Media-Nutzung.* Zwei Items messen explizit die Sensibilität für die Emotion der Scham als Reaktion auf vorgestellte und real erfahrene negative Erfahrungen im Internet:»Ich habe mir gewünscht, einfach nicht mehr da zu sein.« und»Ich habe mich geschämt.« Beide Items können zu einer Skala mit einer Reliabilität von α = .74 zusammengefasst werden. Darüber hinaus wurden die Dimensionen des Schwartzschen Wertefeldes mit den bereits genannten 10 Werteitems aus dem PVQ-21 gemessen und die»contingencies of self-worth« nach Crocker (Crocker & Wolfe, 2001; Crocker et al., 2003; Crocker & Park, 2004) mit der deutschen Übersetzung des Crockerschen Messinstruments. Mit den 35 Items werden sieben Möglichkeiten gemessen, seinen Selbstwert zu begründen: Familie (α = .65), Wettbewerb (α = .88), Attraktivität (α = .50), Glaube (α = .93), Fähigkeit (α = .72), Tugend (α = .84) und Anerkennung (α = .66). Tabelle 2.3 dokumentiert die Zusammenhänge der Selbstwertbegründungen sowie zweier 1 Item Messungen der Religiosität und Spiritualität (»Als wie religiös/spirituell würdest du dich bezeichnen«) mit der Scham-Skala.

Tabelle 2.3 ist zu entnehmen, dass die Selbstwertbegründungen teilweise sehr hoch miteinander korrelieren. Erwartungsgemäß korreliert Religiosität mit r = .50 am höchsten mit der Selbstwertbegründung durch den Glauben, vergleichbar gilt dies auch mit r = .28 für Spiritualität. Bezogen auf die Messung der Schamsensibilität zeigt sich, dass»Glaube«,»Religiosität« und»Spiritualität« am wenigsten mit der Schamsensibilität korrelieren. Die höchste Korrelation zeigt sich mit r = .37 für die Selbstwertbegründung»Tugend«. Der Befund indiziert daher, dass bei hohen moralischen Standards Beschämungserfahrungen besonders schmerzlich und sensibel wahrgenommen werden. Slenczka (2014, S. 260–261) versteht den Begriff »Gott« als Korrelat von Schamerlebnissen, sodass einer globalen Verneinung, wie sie bei Schamerlebnissen vorliegt, mit Rückgriff auf die Religionskultur eine unbedingte Bejahung entgegengesetzt werden kann. Diese Annahme bestätigend, zeigt sich hier, dass der »Glaube« trotz seiner Nähe zur Ethik (r = .50 mit»Tugend«) zugleich einen Schutz vor einem zu extremen Beschämungserleben bietet.

Tab. 2.3: Schamsensibilität, Selbstwertbegründungen, Religiosität und Spiritualität (Korrelationen, Mittelwerte für die Summenscores der contingencies of self-worth in der Diagonalen)

Gott*/Welt**	Fam	Wettb	Attrak	Glaube	Fähigk	Tug	Anerk	rel	spir
Familie	25,16								
Wettbewerb	.37	20,93							
Attraktivität	.26	.63	20,28						
Glaube	.31	.34	.31	17,16					
Fähigkeit	.49	.76	.51	.22	23,66				
Tugend	.42	.64	.51	.52	.54	18,72			
Anerkennung	.03	.19	.28	.23	.10	.21	18,09		
religiös	.12	-.07	-.12	.50	-.09	.09	.06		
spirituell	.14	-.02	.11	.28	.01	.10	.13	.37	
Schamsensibilität	.17	.26	.31	.15	.21	.37	.26	.03	.11

Abbildung 2.13 zeigt, dass Scham besonders stark im Feldbereich oben/rechts erlebt wird. In dieser Lebensstilgruppe, die ihren Selbstwert auf Tugend und Glaube gründet, wird Scham besonders häufig erlebt. Das ist durchaus plausibel, weil Scham voraussetzt, dass man an einem persönlichen Ideal scheitert (vgl. Lazarus, 1999, S. 96). In der oppositionellen Lebensstilgruppe unten/links werden dagegen Werte eher relativiert (Gennerich, 2010a, S. 101–102) und lange Zeithorizonte, in denen das eigene Handeln bleibend zu verantworten ist, werden vermieden (Gennerich, 2010a, S. 279–284). Jugendliche, die Selbst-Transzendenzwerte besonders betonen, begründen ihren Selbstwert besonders häufig über »Familie«, im Bereich von Selbst-Steigerungswerten werden dagegen eher »Attraktivität« und »Wettbewerb« zur Selbstwertbegründung herangezogen. Die Selbstwertbegründung über »Anerkennung« liegt im Bereich von Macht- und Sicherheitswerten unten/rechts, in der Lebensstilgruppe, in der

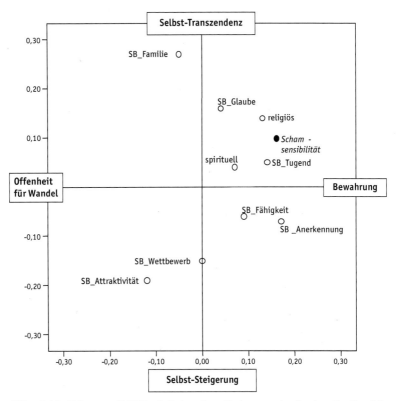

Abb. 2.13: Schamsensibilität, Selbstwertbegründungen, konfessionelle Zugehörigkeit sowie Religiosität und Spiritualität in Korrelation mit den beiden Wertedimensionen

Jugendliche besonders nach Status suchen (vgl. Feige & Gennerich, 2008, S. 111–185). Die Selbstwertbegründung über »Fähigkeit« zeigt die geringste Profilierung, sie ist für fast alle Schüler*innen besonders präsent und findet neben der Familie besonders viel Zustimmung.

Mit Blick auf die Vermutung, dass sowohl Jugendliche, die ihren Selbstwert über »Glaube« begründen, wie auch Jugendliche, die ihren Selbstwert über »Tugend« begründen, gleichermaßen starke Ich-

Ideale konstruieren, zeigt Abbildung 2.13 ein stimmiges Muster. Beide Selbstwertbegründungen verorten sich in der Nähe zur Schamsensibilität. Gleichwohl korreliert in Tabelle 2.3 eben die Selbstwertbegründung über »Tugend« besonders stark mit der Schamsensibilität und »Glaube« von allen Selbstwertbegründungen am wenigsten. Dies illustriert die Komplexität des Sachverhalts, der so erklärt werden kann: Die Selbstwertbegründung über »Glaube« ermöglicht einen relativierenden Umgang mit Schamerfahrungen, sodass Schamsituationen nicht so fundamental negativ erfahren werden müssen (»nicht mehr da sein«). Zugleich zeichnen sich Jugendliche im Feldbereich oben/rechts durch besonders verbindliche moralische Standards aus (vgl. Gennerich, 2010a, S. 92 u. 102–103), die von Jugendlichen, die ihren Selbstwert auf Tugendhaftigkeit aufbauen, entsprechend stark in Schamsituationen erfahren werden, ohne dass ihnen eine zur Liebe Gottes vergleichbare Relativierung zur Verfügung steht. Die Scham wird daher entsprechend stark selbstabwertend erfahren.

Die Analysen lassen mit Blick auf die Sinnkonstruktion der Jugendlichen vier verschiedene Muster erkennen. In der Lebensstilgruppe oben/rechts wird der Selbstwert über die Ressourcen »Glaube« und »Tugend« begründet und entsprechend häufiger wird die Emotion der Hoffnung in der eigenen Lebenswelt erlebt. In der Lebensstilgruppe unten/rechts, die ihren Selbstwert auf »Anerkennung durch andere« sowie die eigenen »Fähigkeiten« gründet, wird besonders häufig Stolz als Emotion erfahren. In der Lebensstilgruppe oben/links wird der Selbstwert auf die »Familie« gegründet – wobei die Familien in dieser Gruppe besonders häufig durch einen hohen Bildungsstand der Eltern und ein überdurchschnittliches Familieneinkommen geprägt sind (vgl. Gennerich, 2010a, S. 59–60), was mit einem häufigeren Erleben von Dankbarkeit einhergeht. In der Lebensstilgruppe unten/links wird der Selbstwert besonders häufig auf »Attraktivität« gegründet, was über die Unterscheidung von »attraktiv vs. hässlich« mit einem häufigeren Erleben von Abscheu und Ekel einhergeht.

Zusammengenommen erweist sich der Blick auf Emotionen im Zusammenhang mit Religion, Glaube und Sinnsuche als äußerst ertragreich. Die Ausprägung der Religiosität nimmt nachweisbar Einfluss auf die Regulation verschiedener Emotionen, indem sie mit spezifischen Erwartungen über die Kontrollierbarkeit von Emotionen einhergeht und Fertigkeiten zur Emotionsregulation fördert. Sie beeinflusst auch das Profil des emotionalen Erlebens, ebenso wie das emotionale Grundbefinden das persönliche Gottesbild prägt. Schließlich kann Religion mit Rückgriff auf die Vorstellung eines liebenden Gottes ein Element der individuellen Selbstwertkonstruktion sein, die ihrerseits mit typischen Emotionsmustern in Beziehung steht.

3 Allgemeine empirische Befunde, Entwicklungen im Jugendalter und gesellschaftlich-kulturelle Veränderungen

Dieses Kapitel gibt einen vierfachen Überblick zum Verhältnis von Jugend und Religion. (1) Es werden aktuelle Einstellungen Jugendlicher zum Themenfeld Glaube, Religion und Sinnsuche berichtet. (2) Entwicklungen im Verlauf des Jugendalters als biographischer Ort einer Neubestimmung des eigenen Verhältnisses zur Religion werden dokumentiert. (3) Orientierungen deutscher Jugendlicher im internationalen Vergleich schärfen im dritten Abschnitt das Bewusstsein für die kulturelle Bedingtheit des adoleszenten Verhältnisses zur Religion. (4) Schließlich werden für Deutschland die religionskulturellen Veränderungen bezogen auf das Verhältnis von Jugend und Religion beginnend mit der ersten Shell-Jugendstudie von 1953 bis heute analysiert.

3.1 Einstellungen zu Glaube, Religion und Sinnsuche im Jugendalter

Der folgende Überblick nutzt unterschiedliche Datensätze zu den Einstellungen über Religion, Glaube und Sinnsuche im Jugendalter. Instruktiv ist dabei die Analyse der Zustimmungsgrade zu den auswählten Items. Jedes Item repräsentiert dabei eine unterschiedliche

Vorstellung, zu der sich die Befragten positionieren. Es zeigt sich dabei, dass häufig die Semantik des Items bedeutsamer ist als das jeweilige Erhebungsjahr der betreffenden Studie. Es werden daher auch ältere Studien genutzt, um die Einsichten zum Themenfeld der Religion zu schärfen.

Glaube

Der Begriff des Glaubens kennzeichnet eine Sinnkonstruktion, bei der Menschen häufig auf den Begriff »Gott« zurückgreifen. Dem Glaubensverständnis Jugendlicher kann man sich daher nähern, indem man nach ihren Gottesbildern fragt. Es ist daher zunächst eine Frage, was sich Jugendliche überhaupt zum Wort »Gott« vorstellen. Eine erste Annäherung an diese Frage ist mit einer Studie von Jörns (1997; Jörns & Großeholz, 1998) möglich, der Berliner Jugendliche differenziert nach ihrem Gottesbild fragte.

Das Ergebnismuster der Jugendlichen in Tabelle 3.1 repräsentiert ein Gottesbild, das deutlich den eigenen Bedürfnissen zu entsprechen scheint: Gott ist primär für die Reichen da und wird als gütig, vergebend und mütterlich in Kombination mit dem Attribut der Allmächtigkeit beschrieben. Wenig Zustimmung findet die Vorstellung eines strengen, zerstörerischen, ängstigenden und sexfeindlichen Gottes.

Schweitzer et al. (2018, S. 78) fragen 2015 danach, was Gott oder das Göttliche für die Jugendlichen persönlich ist. Am meisten Zustimmung erfahren die Items »etwas, das Sicherheit gibt« (49 %) und »jemand, zu dem man sprechen kann« (47 %), wohingegen die Kategorien »die Natur« und »eine Energie« mit 29 % am wenigsten Zustimmung erfahren. Auch hier spiegelt sich der Sachverhalt, dass Gott mit positiven Funktionen bezogen auf die eigenen Bedürfnisse beschrieben wird und abstrakte non-personale Kategorien weniger überzeugend erscheinen.

Tab. 3.1: Gottesbilder von 17- bis 19-Jährigen in der Studie von Jörns – prozentuale Verteilung bei bipolaren Begriffsangeboten (N = 278; 199 – 208 Befragte haben sich jeweils für eine der drei Kategorien entschieden; eigene Berechnung*)

	Pol 1	beides	Pol 2
streng – liebevoll	7	36	57
rächend – gütig/vergebend	33	5	62
zerstörerisch – schöpferisch	5	60	35
väterlich – mütterlich	26	6	68
allmächtig – ohnmächtig	61	8	31
tröstend/nah – unbeteiligt/fern	42	19	39
einengend – befreiend	11	45	44
sexfeindlich – sexfreundlich	8	37	55
ängstigend – beruhigend	6	57	37
für die Armen da – für die Reichen da	13	3	84

* Den Datensatz hat K. P. Jörns dankenswerter Weise zur Verfügung gestellt.

Verschiedene Aspekte des Glaubens werden auch in der fünften Kirchenmitgliedschaftsuntersuchung (KMU 5) von 2012 für Jugendliche im Alter zwischen 14 und 25 Jahren erfasst.

Zur Einordnung: 64,2 % der Befragten sind evangelisch und 35,8 % sind konfessionslos. Bedenkt man, dass die religiösen Einstellungen von evangelischen und katholischen Jugendlichen weitgehend vergleichbar sind (vgl. Feige & Gennerich, 2008, S. 35–105) und dass sich 65 % der Jugendlichen als evangelisch, katholisch oder unter »andere Christen« kategorisieren, dann ist die Stichprobe insgesamt etwas weniger religiös als der repräsentative deutsche Durchschnitt. Denn lediglich 22 % der Jugendlichen sind ohne Konfession und 9 % sind muslimisch (vgl. Shell, 2019, S. 151), wobei die muslimischen Ju-

3 Befunde, Entwicklungen im Jugendalter und gesellschaftliche Veränderungen

gendlichen deutlich religiöser sind als evangelische und katholische Jugendliche (vgl. Feige & Gennerich, 2008, S. S. 35–105).

Tab. 3.2: Verschiedene Selbsteinschätzungen zu Aspekten des Glaubens in der KMU 5 (2012)

	Trifft über- haupt nicht zu			Trifft voll und ganz zu
Ich hatte Situationen, in denen ich das Gefühl hatte, mit Gott oder einer spirituellen Macht in Kontakt zu sein.	61,3	12,4	11,2	11,2	3,8
Gott greift in mein Leben ein.	56,4	13,4	13,2	12,3	4,7
Mein Glaube gibt mir ein Gefühl der Geborgenheit.	50,7	14,7	14,9	10,9	8,8
Ich glaube an ein Leben nach dem Tod.	29,6	11,2	18,9	22,9	17,5
Gott ist wie ein Richter.	57,2	15,3	12,6	11,0	4,0
Ich glaube an Gott, obwohl ich immer wieder zweifle und unsicher werde.	51,3	14,5	16,8	13,3	4,2
Ich bin religiös auf der Suche.	63,5	16,0	11,2	7,5	1,8
Ich hatte schon das Gefühl, eins zu sein mit der Welt.	59,0	13,1	12,3	10,3	5,4

Tabelle 3.2 zeigt, dass 40 % der Jugendlichen bei Addition der beiden obersten zustimmenden Antwortkategorien an ein Leben nach dem Tod glauben. Dieser Glaube ist ausgeprägter als der Glaube, dass Gott im Leben eingreifen kann (17 % Zustimmung bei Addition der beiden obersten Antwortkategorien) und sogar ausgeprägter als der auch

Zweifel umschließende Glaube an Gott selbst (17,5 %). Ein solches offenes Glaubens- und Gottesverständnis, das auch Zweifel umfasst, erhält dabei vergleichbar viel Zustimmung wie ein eher geschlossenes Gottesverständnis, das Gott als Richter versteht (15 %). Auch religiöse Erfahrungen, die nicht zwingend mit der Kategorie Gott beschrieben werden, finden nur eine geringe Zustimmung: »Einssein mit der Welt« (16 %) und »Kontakt mit spiritueller Macht« (15 %). Schließlich ist auch die »religiöse Suche« nicht sehr ausgeprägt (9 %). Das Leben nach dem Tod sichert über die Vorstellung des Weiterlebens die eigene Identität und erhält daher offenbar relativ hohe Zustimmung. In diese Richtung gehen auch Befunde bei Schweitzer et al. (2018, S. 74), wonach 70 % der befragten Jugendlichen dem Item zustimmen »Ich stehe zu meinem Glauben«, wohingegen nur 52 % sagen »Ich glaube an Gott« und 40 % »In schwierigen Situationen hilft mir mein Glaube an Gott«. Primär wird hier der Begriff »Glaube« also auch als etwas gedacht, was elementar mit der eigenen Identität verbunden ist. Insgesamt fühlen sich Jugendliche demnach insbesondere von der Vorstellung eines Lebens nach dem Tod angesprochen, was ihr Bedürfnis nach *Kontinuität* bedient (▶ Kap. 2.1.3). Die Vorstellung der Allmächtigkeit ermöglicht sodann über das Gebet eine *Kontrolle* über das eigene Ergehen. Sie findet in Tabelle 3.1 mehr Zustimmung als in Tabelle 3.2 und ist offenbar nur begrenzt zugänglich. Schließlich dürften die Vorstellung eines »liebevollen« Gottes und die Idee der Selbstbehauptung (»ich stehe zu meinem Glauben«) das *Selbstwertgefühl* unterstützten. Der hier dokumentierte Glaube fördert daher offenbar die Sinnstiftung der Jugendlichen.

Religion

In der letzten, gerade zitierten Kirchenmitgliedschaftsuntersuchung der EKD (KMU 5) wurden 2012 die 784 befragten Jugendlichen auch nach ihrem Verständnis von Religion gefragt. Die Fragen haben einen sondierenden Charakter und sind daher in unserem Begriffsfeld von »Glaube«, »Religion« und »Sinnsuche« besonders aufschlussreich.

Tab. 3.3: Was ist ein religiöses Thema? (KMU 5, 2012; 14- bis 25-Jährige; N = 784)

Ein religiöses Thema (N = 784)	Prozent [(eher) ein religiöses Thema]
Anfang und Ende der Welt	36,6
der Tod	35,3
der Sinn des Lebens	33,5
Fragen von Sterbehilfe, Selbsttötung u. ä.	29,8
ein Recht auf Leben (in Bezug auf ungeborenes Leben, die Todesstrafe o. ä.)	26,3
Schuld	25,4
Werte wie Gerechtigkeit, Freiheit, Frieden	25,2
die Geburt eines Kindes	24,9
die Natur	21,5

Tabelle 3.3 zeigt, dass vor allem die Frage nach dem Tod und vom Anfang und Ende der Welt als religiöse Fragen verstanden werden (35,3 % und 35,6 %). Die Frage nach dem Sinn des Lebens wird auch von einem relativ hohen Prozentsatz der Jugendlichen als religiöse Frage betrachtet (33,5 %). Als eher wenig religiöse Themen gelten die Natur (21,5 %) und die Geburt eines Kindes (24,9 %). Insgesamt erweisen sich jedoch die Unterschiede als vergleichsweise gering. Auffällig ist vor allem, dass zwei Drittel der Jugendlichen keins der klassischen religiösen Themen als religiös betrachten. Dem Befund nach wären die befragten Jugendlichen als eher wenig religiös einzuschätzen. Oder man geht davon aus, dass das Wort »religiös« mit Dingen verbunden wird, die die Jugendlichen eher ablehnen (z. B. kirchliche Bevormundung; vgl. das geringe Vertrauen in die Institution Kirche bei Jugendlichen, Schneekloth & Albert, 2019, S. 93). Auf der Grundlage eines diskursiven Religionsbegriffs fragen wir daher in diesem Buch mehrperspektivisch nach dem Verhältnis von Jugendlichen zu Religion, Glaube und Sinnsuche: Aufschlussreich ist in

dieser Beziehung die parallele Frage, wie häufig ein Austausch über
religiöse Themen oder Sinnfragen stattfindet.

Tab. 3.4: Prozentuale Häufigkeit des Austauschs über religiöse Themen und Sinnfragen bei Jugendlichen in der KMU 5 (2012)

	Nie	Selten	Gelegent-lich	Häufig
Wie häufig tauschen Sie sich über religiöse Themen aus?	72,2	15,7	10,3	1,8
Wie häufig tauschen Sie sich über den Sinn Ihres Lebens aus?	67,1	19,7	11,8	1,4

Der Tabelle 3.4 lässt sich entnehmen, dass 12 % der befragten Jugendlichen sich zumindest gelegentlich über religiöse Themen austauschen. Über Sinnfragen tauschen sich 13 % der Befragten zumindest gelegentlich aus. Der Sinnbegriff scheint hier minimal, aber
zugleich kaum relevant attraktiver als der Begriff der Religiosität zu
sein. Die Verteilung dokumentiert grundlegend den Sachverhalt, dass
Fragen nach den »letzten Dingen« und nach dem »ultimativen Horizont« eben keine Alltagsfragen sind, die so häufig besprochen
werden müssten wie die Frage, was für den täglichen Bedarf einge-
kauft werden muss.

Bei Schweitzer et al. (2018, S. 103) ist eine vergleichbare Frage
instruktiv: »Wie häufig denken Sie über den Sinn des Lebens nach?«
70 % stimmen hier auf einer 7er-Skala mit den Endpunkten »nie« vs.
»sehr häufig« bei Addition der drei obersten Antwortkategorien
einem Nachdenken über den Lebenssinn mit relativer Häufigkeit zu,
wohingegen 0 % meinen, relativ häufig über »Gott« nachzudenken.
Das bedeutet: Ultimative Themen spielen in den Gesprächen der Jugendlichen keine alltägliche Rolle. Jedoch reflektieren Jugendliche
derartige Themen. Sie tun dies jedoch scheinbar kaum in den etab-
lierten Bahnen der religiösen Tradition.

Allerdings zeigen die Studien von Reitze (2018, S. 83) und Schweitzer et al. (2018, S. 71), dass Jugendliche die Begriffe »gläubig« gegenüber »religiös« deutlich bevorzugen. Bei Schweitzer et al. betrachten sich 41 % und bei Reitze 22 % als »gläubig«, wohingegen sich nur 22 % bzw. 17 % als »religiös« bezeichnen, wobei der Begriff »spirituell« bei Reitze mit 10 % eine noch geringere Zustimmung erfährt. Dieser Befund wird auch bei entsprechenden Selbsteinschätzungen in der ALLBUS 2012 für die Begriffe »religiös« und »spirituell« bestätigt, wie Tabelle 3.5 zeigt. In etwa 33 % der Jugendlichen verstehen sich als »religiös« (Addition der Ratingkategorien 7 bis 10), 13 % verstehen sich als »spirituell«. Die Jugendlichen bevorzugen daher offenbar die vertraute Semantik zur Selbstbeschreibung in der Abstufung »gläubig«, »religiös« und erst dann »spirituell«. Aufschlussreich ist des Weiteren, dass die Jugendlichen bei Reitze mit 30 % am deutlichsten einem Item zustimmen, das als vierte Option in die genannte Begriffsreihe eingeordnet wurde, nämlich dass es wichtig sei, »ein Wissen über die eigene und andere Religionen zu haben«. Die Dimension des Interreligiösen wird hier für die Jugendlichen ein relevantes Identitätsmerkmal, das wir im nächsten Schritt noch differenzierter betrachten werden.

Tab. 3.5: Selbsteinschätzung bezogen auf die Adjektive »religiös« und »spirituell« in Prozent (ALLBUS 2012; 18- bis 25-Jährige; Skala: 1 = nicht religiös/ spirituell bis 10 = religiös/spirituell)

Ratingkategorien	1 – 2	3 – 4	5 – 6	7 – 8	9 – 10	M	S
religiös (N = 423)	39	16	12	23	10	4,38	3,00
spirituell (N = 387)	42	23	23	11	2	3,58	2,30

Ein mögliches Anwendungsfeld der Begriffe »Religion/religiös« ergibt sich auch im Kontext der gesellschaftlichen Pluralität. Aktuelle Studien zum Umgang Jugendlicher mit der religiösen Vielfalt zeigen zunächst, dass die Mehrheit eine religionspluralistische Position vertritt (vgl. Gennerich & Streib, 2022, S. 17). Bei Schweitzer et al. (2018, S. 112) stimmen bei Addition der drei obersten Kategorien einer 7er-Skala 67 % dem Item zu »Mehrere Religionen können wahr sein«, wohingegen die exklusivistische Position »nur eine Religion ist wahr« von nur 13 % der Befragten vertreten wird. Den Einfluss der Religiosität untersuchen Faix und Künkler (2018, S. 65) dabei differenzierend: Auf einer fünfstufigen Skala plädieren hochreligiöse Jugendliche gegenüber mittelreligiösen Jugendlichen für exklusivistische Positionen (»Ich bin davon überzeugt, dass nur der christliche Glaube zum Heil führt«, M = 4,0 vs. M = 2,3), wohingegen die mittelreligiösen Jugendlichen offener sind (»Für mich hat jede Religion einen wahren Kern«, M = 3,8 vs. M = 2,7; »Ich denke, dass es in Glaubensfragen keine Gewissheit gibt«, M = 3,9 vs. M = 2,8).

Wie in Tabelle 3.6 ersichtlich, zeigen sich bezüglich der Beziehungen der Jugendlichen aus verschiedenen Religionstraditionen unterschiedliche Relationierungen zu den jeweils anderen Religionen. Christliche und muslimische Jugendliche bewerten jeweils die eigene Religion am positivsten. Die Konfessionslosen bewerten den Atheismus relativ positiv, jedoch bewerten sie den Buddhismus ebenso positiv. Des Weiteren finden sich erwartbare Differenzierungen: Die christlichen Jugendlichen finden den Islam eher positiv als negativ, jedoch bewerten sie in Relation zum Islam das Judentum positiver. Das entspricht dem Sachverhalt, dass das Christentum mit dem Judentum gemeinsame heilige Texte teilt. Die islamischen Jugendlichen bewerten das Christentum deutlich positiver als umgekehrt die christlichen Jugendlichen den Islam. Das Judentum wird weniger positiv gesehen als das Christentum, was den Bewertungen der beiden Religionen im Koran entspricht. Schließlich bewerten die islamischen Jugendlichen den Atheismus am negativsten. Auch dieser Sachverhalt entspricht der islamischen Theologie, insofern der Abfall vom Glauben (Apostasie) im Islam strikt verurteilt wird.

Tab. 3.6: Bereichernd vs. bedrohlich: wie die Religionen erlebt werden (Religionsmonitor 2013, deutsche 16- bis 25-Jährige; M = 19,64; N = 324)

	Sehr + ziemlich bedrohlich	Unentschieden + weder/noch + beides	Sehr + ziemlich bereichernd
Christen (N = 112)			
Christentum	4	11	85
Islam	38	13	49
Judentum	16	16	68
Buddhismus	6	21	73
Hinduismus	8	23	69
Atheismus	37	22	41
Muslime (N = 132)			
Christentum	15	11	74
Islam	5	4	91
Judentum	26	15	59
Buddhismus	16	27	57
Hinduismus	19	29	52
Atheismus	55	22	23
Konfessionslose (N = 68)			
Christentum	16	19	65
Islam	36	14	50
Judentum	15	28	57
Buddhismus	9	16	75
Hinduismus	12	25	63
Atheismus	4	22	74

Tab. 3.7: Zustimmungsprozente bezüglich verschiedener Orientierungen zur Religion (deutsche Jugendliche, N = 324; Religionsmonitor 2013[2])

	volle + tendenzielle Ablehnung	volle + tendenzielle Zustimmung
Ich bin bereit, für meine Religion auch große Opfer zu bringen.	75	25
Ich versuche, möglichst viele Menschen für meine Religion zu gewinnen.	77	23
Ich bin davon überzeugt, dass in religiösen Fragen vor allem meine Religion Recht hat und andere Religionen eher Unrecht haben.	67	33
Für mich hat jede Religion einen wahren Kern.	26	74
Man sollte gegenüber allen Religionen offen sein.	9	91
Ich greife für mich selbst auf die Lehren verschiedener religiöser Traditionen zurück.	65	35
Ich würde mich selbst als einen Atheisten bezeichnen.	81	19
Ich bin davon überzeugt, dass es keinerlei höhere oder göttliche Macht gibt.	78	22
Ich bin davon überzeugt, dass Religionen eher schädlich sind.	88	12
Die zunehmende Vielfalt religiöser Gruppen in unserer Gesellschaft stellt eine kulturelle Bereicherung dar.	25	75
Die zunehmende Vielfalt religiöser Gruppen in unserer Gesellschaft ist eine Quelle von Konflikten.	42	58
Ich bin davon überzeugt, dass nur die Mitglieder meiner eigenen Religion zum Heil gelangen.	84	16

2 Die Bertelsmann-Stiftung hat dankenswerterweise die Daten für diese Berechnungenzur Verfügung gestellt.

Tab. 3.7: Zustimmungsprozente bezüglich verschiedener Orientierungen zur Religion (deutsche Jugendliche, N = 324; Religionsmonitor 2013) – Fortsetzung

	volle + tendenzielle Ablehnung	volle + tendenzielle Zustimmung
Für meine Religiosität ist es wichtig, wachsam gegenüber dem Bösen zu sein.	54	46
Es gibt vollkommen klare Maßstäbe, was gut und böse ist. Sie gelten für jeden und unter allen Umständen.	48	52

Das Einstellungsmuster in Tabelle 3.7 zeigt, dass die befragten deutschen Jugendlichen im Religionsmonitor 2013 deutlich pluralistische Positionen vertreten: Jede Religion bietet bereichernde Perspektiven und kann als wahr angesehen werden. Zugleich werden Religionen als eindeutig positiv eingeschätzt, wenngleich ihr Konfliktpotenzial auch wahrgenommen wird. Gefragt nach der Einsatzbereitschaft für ihre Religion, sind die deutschen Jugendlichen sehr zurückhaltend und kaum bereit, Opfer zu bringen und missionarisch tätig zu werden. Anders sieht es mit Blick auf die Unterscheidung von Gut und Böse aus. Denn hier stimmen etwa die Hälfte der Jugendlichen zu. Moralische Standards werden als sehr wichtig angesehen, wobei die situationsunabhängige Gültigkeitsfeststellung (für jeden und unter allem Umständen) offenbar besonders Anklang findet. Das würde die bereits im vorherigen Abschnitt zum Stichwort »Glaube« gemachte Beobachtung unterstützten, dass die Jugendlichen besonders deutlich Aussagen zustimmen, die ihrem Bedürfnis nach Kontinuität entsprechen (▶ Kap. 2.1.3).

Sinnsuche

In der fünften EKD-Kirchenmitgliedschaftsuntersuchung von 2012 wurden explizit Items mit Rückgriff auf die Sinnkategorie formuliert. In unserem Kontext kann wiederum die Teilstichprobe der 14- bis 25-Jährigen in Bezug auf diese Items analysiert werden.

Bezogen auf die Sinnfrage wurde gefragt: »Wie religiös ist Ihr Austausch über den Sinn des Lebens?« 4,3 % der Jugendlichen, die sich über Sinnfragen austauschen, meinen, dieser Austausch sei »sehr religiös«, 25,0 % »eher religiös«, 30,9 % »eher nicht religiös« und 39,8 % »gar nicht religiös« (N = 256). Das bedeutet, dass 71 % der Jugendlichen das Gespräch über ihre Sinnfragen als nicht religiös einschätzen.

Näher wurde auch danach gefragt, auf welche Weise, bei welchen Gelegenheiten, wie häufig und mit wem sich die Jugendlichen über die Frage nach dem Sinn des Lebens austauschen.

Tab. 3.8: »Auf welche Weise tauschen Sie sich häufig über den Sinn des Lebens aus?« Prozente für die Wahl der Kategorie »häufig« (KMU 5, 14- bis 25-Jährige; N = 257)

	Prozent [häufig*]
im direkten persönlichen Gespräch	51,8
soziale Netzwerke (z. B. Facebook)	5,1
über Internet-Foren oder Internet-Blogs	2,3
per E-Mail	3,9
per Telefon	7,4

* Antwortkategorien der Skala: häufig, gelegentlich, selten, nie

Tabelle 3.8 zeigt, dass Sinnfragen hauptsächlich im direkten persönlichen Gespräch erörtert werden. Da insgesamt selten über Sinnfragen gesprochen wird, kann davon ausgegangen werden, dass sich erst ein Akzeptanzraum und ein auslösender Funke ergeben müssen. Beides ereignet sich offenbar im persönlichen Gespräch leichter und verlässlicher (sofern man davon ausgeht, dass es sich um Gespräche handelt, in denen man einander verletzlich begegnen kann).

Tab. 3.9: Nennungen in Prozent bei der Frage:»Bei welchen Gelegenheiten tauschen Sie sich über den Sinn des Lebens aus?« (KMU 5, 14- bis 25- Jährige; N = 257)

	Prozent [genannt]
zu Hause	80,5
auf der Arbeit/in der Schule	23,3
in der Kirche (z. B. Gottesdienste, Kirchenchor, Gemeindekreise)	13,2
bei kirchlichen Diensten (z. B. Beratungsstellen, Telefonseelsorge)	1,2
in Vereinen und Gruppen (z. B. Sport-, Heimatverein, Tanzgruppe)	8,6
bei meiner individuellen Freizeitgestaltung (z. B. Treffen mit Freunden, Fitnessstudio)	48,2
bei anderen Gelegenheiten	11,3

Tabelle 3.9 zeigt, dass sich vor allem zu Hause die Gelegenheiten für Gespräche über den Sinn des Lebens ergeben (d. h. offenbar im Kreis der Familie; 81 %). Ebenfalls benennen die Jugendlichen jedoch auch ihre Freizeit als einen Ort, d. h. Situationen, in denen sie sich mit Freunden treffen (48 %). Arbeit und Schule sind mit 23 % auch noch Orte, an denen relativ häufig ein Austausch über Sinnfragen stattfindet. Die Kirche scheint mit einer Zustimmung von 13 % lediglich von einer untergeordneten Bedeutung zu sein. Das könnte darauf hinweisen, dass religiöse Traditionselemente eher selten bedeutsam

für die Sinnkonstruktion werden. Oder aber die begrenzte Zustimmung zur Kirche als Ort der Sinnkommunikation indiziert, dass nur wenige Jugendliche regelmäßig Kontakt zur Kirche haben, wohingegen der Religionsunterricht in der Schule zugänglicher ist, sodass Gespräche in der Schule über den Sinn des Lebens durchaus mit religiösen Bezügen stattfinden können.

Tab. 3.10: Nennungen in Prozent bei der Frage:»Tauschen Sie sich mit den folgenden Personen über den Sinn des Lebens aus?« (KMU 5, 14- bis 25-Jährige; N = 257)

	Prozent [genannt]
mit dem (Ehe-)Partner/der (Ehe-)Partnerin (auch feste(r) Freund(in)) [hier: N = 119]	65,5
mit der Familie	49,8
mit Freunden und Bekannten	79,7
mit kirchlichen Mitarbeitenden (z. B. Pfarrer/Pfarrerin, Seelsorger/Seelsorgerin, Kantor/Kantorin)	11,3
mit anderen Kirchengemeindegliedern	9,4
mit Kollegen/Kolleginnen bzw. Mitschülern/Mitschülerinnen	14,5
mit Nachbarn/Nachbarinnen	4,3
mit Ihnen ausschließlich online bekannten Kontakten im Internet	4,3
mit Zufallsbekanntschaften	5,1

Tabelle 3.10 zeigt, dass sich der Austausch über den Sinn des Lebens vornehmlich in Beziehungen ereignet, die durch Vertrauen bzw. Vertrautheit geprägt sind: (feste) Freunde bzw. Freundinnen. Auch die Familie kann ein solcher Ort sein. Personen im Kontext der Kirche finden minimal mehr Zustimmung als etwa Zufallsbekanntschaften, aber sind bereits gegenüber den Freundschaftsbeziehungen weit

abgeschlagen. Das zeigt, dass Sinnfragen vor allem im Kontext naher Beziehungen besprochen und weniger als ein Thema begriffen werden, für das man auf die Expertise von Fachleuten zurückgreifen müsste.

Die Gesamtgruppe (N = 784) wurde auch danach gefragt, wie häufig sie sich über den Sinn des Lebens austauschen: häufig (1,4 %), gelegentlich (11,8 %), selten (19,7 %), nie (67,1 %). Die Teilgruppe derjenigen, die sich zumindest selten über den Sinn des Lebens austauschen, wurde darüber hinaus gefragt, wie religiös dieser Austausch ist: sehr religiös (4,3 %), eher religiös (25,0 %), eher nicht religiös (30,9 %), gar nicht religiös (39,8 %). Deutlich wird hier, dass der bewusste Austausch über Sinnfragen kein allgemeines Ereignis im Jugendalter ist und dass dieser Austausch eher nicht religiös ist.

Feige und Gennerich (2008, S. 89) haben danach gefragt, wo Jugendliche an beruflichen Schulen den Sinn ihres Lebens finden. Das Item »gibt es überhaupt nicht« wird bei Addition der beiden obersten Antwortkategorien von nur 8 % der Befragten bejaht. Am stärksten bejaht wird mit 58 % das Item »find ich vor allem in dem, was ich selbst gestalten kann«. Konsequenterweise wird dann das Item »kann ich mir nicht selber machen, der ist irgendwie da« mit 20 % eher abgelehnt. Insgesamt finden Items besonders viel Zustimmung, wenn sie die eigene Beteiligung ausdrücken (»muss ich mir ganz allein selber schaffen/erarbeiten«: 54 %). Es wird jedoch auch zugestanden, dass man ihn erfährt durch »Leute, die ich mag/die mich mögen« (45 %), einschließlich des Ortes, wo man diese Leute trifft und an dem man eigene Interessen verwirklichen kann: »in meiner Freizeit« (54 %) und entsprechend weniger »in meiner Arbeit/im Beruf« (24 %).

Auch in der ALLBUS-Studie von 2012 wurden eine Reihe von Items integriert, die einen Bezug zur Sinnkategorie haben. Die Tabellen 3.11 bis 3.13 stellen die Befunde für die 18- bis 25-Jährigen dar.

Tabelle 3.11 zeigt, dass der Lebenssinn bei den hier befragten älteren Jugendlichen in der ALLBUS-Stichprobe überwiegend mit Rückgriff auf biologische Kategorien gedeutet wird (z. B. »Leben als Teil der Naturentwicklung«; 72 % der Jugendlichen stimmen zu). Mit Rückgriff auf einen »präsentischen« Gottesbegriff (»im Herzen der

Tab. 3.11: Zustimmungsgrad zu Anschauungen über eine höhere Wirklichkeit in ALLBUS 2012 bei 18- bis 25-Jährigen (prozentuale Verteilung, Mittelwerte und Standardabweichungen)

Glaube an eine höhere Wirklichkeit	stimme gar nicht zu	stimme eher nicht zu	keine feste Meinung	stimme eher zu	stimme voll zu	M	S
Es gibt einen Gott, der sich mit jedem Menschen persönlich befasst. (N = 388)	28	19	17	18	17	3,22	1,47
Es gibt einen Gott, der Gott für uns sein will. (N = 387)	27	17	20	17	19	3,17	1,47
Meiner Meinung nach ist Gott nichts anderes als das Wertvolle im Menschen. (N = 386)	22	20	18	32	8	3,17	1,30
Gott befindet sich nicht irgendwo da oben, er ist lediglich in den Herzen der Menschen. (N = 407)	8	12	16	43	21	2,43	1,18
Das Leben ist nur ein Teil der Entwicklung in der Natur. (N = 418)	8	10	11	41	31	2,23	1,21
Unser Leben wird letzten Endes bestimmt durch die Gesetze der Natur. (N = 417)	7	14	7	39	33	2,22	1,24

Tab. 3.12: Zustimmungsgrad zu Auffassungen über den Sinn des Lebens in ALLBUS 2012 bei 18- bis 25-Jährigen (prozentuale Verteilung, Mittelwerte, Standardabweichungen)

Lebenssinn	gar nicht einverstanden	nicht sehr einverstanden	keine feste Meinung	schon einverstanden	voll einverstanden	M	S
Meiner Meinung nach dient das Leben zu gar nichts. (N = 404)	85	10	4	1	0	4,78	0,58
Das Leben hat meiner Meinung nach wenig Sinn. (N = 402)	75	16	6	2	0	4,64	0,71
Das Leben hat für mich nur eine Bedeutung, weil es einen Gott gibt. (N = 406)	47	25	11	9	8	3,93	1,30
Das Leben hat einen Sinn, weil es nach dem Tode noch etwas gibt. (N = 382)	20	18	29	20	14	3,10	1,32
Das Leben hat nur dann einen Sinn, wenn man ihm selber einen Sinn gibt. (N = 420)	1	4	2	34	58	1,57	0,84
Für mich besteht der Sinn des Lebens darin, dass man versucht, das Beste daraus zu machen. (N = 423)	1	3	2	28	66	1,44	0,75

Menschen«) deuten 64 % der Jugendlichen den Sinn des Lebens, wohingegen mit Rückgriff auf einen transzendenten, kommunikativen Gott nur 35 % der Jugendlichen den Sinn des Lebens deuten.

Tabelle 3.12 zeigt, dass nur 1 bis 2 % der Jugendlichen das Leben als sinnlos erfahren. Konsens ist des Weiteren, dass man dem Leben selbst Sinn geben muss (92 % Zustimmung). Der Rückgriff auf transzendente bzw. religiöse Kategorien ist dagegen umstritten: 17 % sagen, dass das Leben durch den Glauben an Gott Sinn erhält. Und 34 % begründen den Sinn damit, dass es ein Leben nach dem Tod gibt. Offenbar ist damit die Vorstellung eines Lebens nach dem Tod unabhängig vom Gottesglauben und auch etwa doppelt so bedeutsam wie der Gottesbegriff.

Tab. 3.13: Häufigkeit, mit der über Glaubens- und Sinnfragen nachgedacht wird in ALLBUS 2012 bei 18- bis 25-Jährigen (prozentuale Verteilung, Mittelwerte und Standardabweichungen)

	nie	selten	manch-mal	oft	sehr oft	M	S
Nachdenken über Glaubensfragen (N = 425)	19	32	27	17	5	3,43	1,12
Nachdenken über Sinn des Lebens (N = 425)	6	23	38	26	7	2,96	1,00

Tabelle 3.13 zeigt, dass 22 % der Jugendlichen »oft« über Glaubensfragen nachdenken und 27 % dies »manchmal« tun. Über Sinnfragen denken dagegen 33 % der Jugendlichen »oft« nach und 38 % zumindest »manchmal«. Demnach verstehen die Jugendlichen den Sinnbegriff allgemeiner – wenngleich offenbar auch der Begriff des Lebenssinns nicht alle Facetten autobiographischer Reflexion abdeckt,

weil auch beim Sinnbegriff die Antworten eine gewisse Zurückhaltung spiegeln.

Insgesamt zeigen die dargestellten Daten, dass Sinn im privaten Bereich in nahen Beziehungen verhandelt und konstruiert wird. Explizite Bezüge auf Religion sind dabei nicht notwendig. Sinn wird als eigene Leistung beschrieben, die orientiert ist an ultimativen, individuellen Zielen (»das Beste draus machen«).

3.2 Veränderungen der Religiosität, des Glaubens und der Werte im Jugendalter

Im Folgenden betrachten wir zuerst Veränderungen der Religiosität und des Glaubens im Verlauf des Älterwerdens. Mit Rückgriff auf die Darstellungsform des Wertefeldes analysieren wir danach ebenfalls Veränderungen in den Werteprioritäten im Lebenslauf. Aufgrund des Zusammenhangs von Werten und Religiosität können wir die Entwicklungsverläufe für beide Themen immer wieder in Beziehung setzen und das Verständnis erweitern.

Veränderungen der Religiosität und des Glaubens in der Jugend und über das gesamte Lebensalter

Theorien der religiösen Entwicklung gehen im Jugendalter allgemein von einer Entwicklungsdynamik in Richtung religiöser Autonomie aus (siehe Schweitzer, 1999). Das bedeutet eine Abkehr von Traditionswerten, sodass im Jugendalter eine Distanzierung gegenüber religiöser Praxis zu beobachten ist.

Abbildung 3.1 stellt die Gebetshäufigkeit in den Jahren 2006, 2015 und 2019 vom 12. bis zum 25. Lebensjahr dar. Die Gebetshäufigkeit wurde auf einer 5er-Skala von 1 (nie) bis 5 (ein- oder mehrmals am Tag) gemessen. Es zeigt sich, dass über alle Altersstufen hinweg im

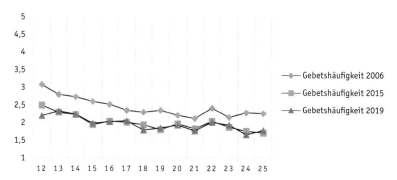

Abb. 3.1: Gebetshäufigkeit in den Erhebungsjahren 2006, 2015 und 2019 in Abhängigkeit vom Lebensalter in den Shell-Jugendstudien

Jahr 2006 mehr gebetet wurde als in den Jahren 2015 und 2019. In allen drei Erhebungsjahren nimmt die Gebetshäufigkeit vom 12. bis zum 15. Lebensjahr ab. Vom 16. Lebensjahr an ist die Entwicklung über die drei Erhebungswellen weniger eindeutig. Zwischen dem 18. und 25. Lebensjahr ist die Gebetshäufigkeit auf einem niedrigen Niveau konstant. Eine interessante Auffälligkeit liegt beim 22. Lebensjahr vor, weil im Vergleich zum 21. und 23. Lebensjahr bei allen drei Erhebungszeitpunkten etwas häufiger gebetet wird.

Ein Vergleich mit einer parallelen Berechnung für die Wichtigkeit des Glaubens an Gott zeigt, dass sich eine weitgehende, aber keine exakte Entsprechung zum Rückgang der Gebetshäufigkeit bei der Wichtigkeit des Glaubens an Gott findet.

Deutlich ist in Abbildung 3.2 ein Abfall in der Bedeutung des Glaubens an Gott vom 12. zum 18. Lebensjahr in allen drei Erhebungsjahren zu beobachten. Die Wichtigkeit des Glaubens an Gott wurde mit einer 7er-Skala mit Werten von 1 (unwichtig) bis 7 (außerordentlich wichtig) gemessen. Im Vergleich der Erhebungsjahre zeigt sich, dass bei den 12- bis 14-Jährigen die Wichtigkeit des Glaubens von 2006 bis 2019 abgenommen hat. Bei den 15- bis 25-Jährigen ist die Wichtigkeit über die drei Erhebungswellen relativ konstant. Dabei wird der Glaube an Gott in der Altersgruppe der 15- bis 25-

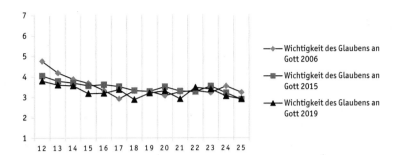

Abb. 3.2: Wichtigkeit des »Glaubens an Gott« in den Erhebungsjahren 2006, 2015 und 2019 in Abhängigkeit vom Lebensalter in den Shell-Jugendstudien

Jährigen als mäßig wichtig eingeschätzt. Insgesamt lassen sich die Befunde in Abbildung 3.1 und 3.2 als ein Hinweis darauf interpretieren, dass sich die Gestalt der religiösen Praxis im Jugendalter transformiert.

In einer weiteren Studie wurden im Jahr 2012 Kinder und Jugendliche zwischen 10 und 18 Jahren befragt. Tabelle 3.14 präsentiert drei Religiositätsvariablen der von mir durchgeführten Odenwaldstudie (Gennerich, 2018b). Es handelt sich um eine Studie, die im Auftrag eines Vereins für mobile Sozialarbeit durchgeführt wurde. Es wurden alle Schüler*innen der Sek I in der Region befragt. Selegierend wirkte lediglich die notwendige Einverständniserklärung der Eltern. Religion war nicht das eigentliche Thema der Studie, sodass hier keine religiöse Selektion stattfand. Der Wert der Studie liegt in unserem Zusammenhang darin, dass Entwicklungsprozesse im Übergang von der Kindheit zum Jugendalter näher analysiert werden können.

Die Tabelle 3.14 zeigt, dass in der Stichprobe die Gebetshäufigkeit steigt. Bei der kleinen Gruppe der 16- bis 18-Jährigen ist sie mehr als doppelt so hoch (18 % beten oft) wie bei den 10- bis 11-Jährigen (6 % beten oft) und den 12- bis 13-Jährigen (8 % beten oft). Dieser Befund steht im Widerspruch zu den Daten der Shell-Studien in Abbildung 3.1. Eine mögliche Erklärung wäre, dass hier die lokale Realität sich von der allgemeinen Situation in der Bundesrepublik unterscheidet. Sodann zeigt sich in den Daten eine relativ konstante Bereitschaft zwischen 27 und 35 % zur Deutung der Natur als Schöpfung Gottes. Die Partizipation in der Kirchengemeinde bewegt sich in der Stichprobe insgesamt auf einem relativ niedrigen Niveau.

Tab. 3.14: Veränderungen in der Religiosität bei 10- bis 18-Jährigen im Odenwald (N = 795)

	zu Gott beten		in einer Kirchen-gemeinde mitma-chen		die Natur ist für mich Schöpfung Gottes	
	M	% (oft + sehr oft) [nie]	M	% (oft + sehr oft)	M	% (trifft eher zu + trifft zu)
10–11 Jahre (N = 179)	1,72	5,8 [56,4]	1,48	8,4	2,75	35,4
12–13 Jahre (N = 344)	1,64	7,5 [60,9]	1,48	6,4	2,49	27,3
14–15 Jahre (N = 196)	1,81	9,5 [54,2]	1,53	7,9	2,63	32,9
16–18 Jahre (N = 60)	2,03	18,4 [51,7]	1,58	8,4	2,55	28,6

In Tabelle 3.15 ist anhand des Mittelwerts (M; 1 = täglich, 7 = nie) in der letzten Zeile ersichtlich, dass in den Alterskategorien 14–15, 16–17 und 18–20 jeweils das Beten abnimmt. Erst ab der Gruppe der 21- bis 24-Jährigen nimmt die Gebetshäufigkeit dann wieder zu. Der Befund ist vergleichbar zu den Daten der Shell-Jugendstudien. Der eigentliche Rückgang der Gebetshäufigkeit findet auch dort zwischen dem 12. und 18. Lebensjahr statt. Aufschlussreich ist der Vergleich der Gebetshäufigkeit bei den Konfessionslosen, die insgesamt kon-

Tab. 3.15: Veränderungen in der Gebetshäufigkeit über verschiedene Altersstufen in der KMU 5 von 2012

Wie oft beten? (in Prozent)	14–15 J.	16–17 J.	18–20 J.	21–24 J.	25–29 J.	30–49 J.	50 J. u. älter
Täglich	2,6	2,2	2,1	6,2	5,6	8,1	15,6
Mehr als einmal in der Woche	11,7	3,7	2,4	5,6	5,6	6,7	8,2
Einmal in der Woche	7,8	2,9	1,8	0,6	4,6	5,6	5,6
Ein- bis dreimal im Monat	5,2	2,9	4,4	3,4	4,0	4,1	5,6
Mehrmals im Jahr	2,6	5,1	6,5	4,0	8,3	7,7	8,5
Seltener	13,0	11,0	12,4	11,9	15,5	14,9	10,0
Nie	57,1	72,1	70,4	68,4	56,3	52,9	46,5
N	77	136	386	178	374	982	942
Anteil der Konfessionslosen (Prozent)	26,0	36,0	39,1	35,4	36,9	33,2	30,0
Konfessionslose (M)	6,80	6,90	6,89	6,97	6,92	6,82	6,80
Evangelische (M)	5,19	5,91	5,92	5,51	5,07	4,88	4,21
Gesamt (M)	5,61	6,26	6,30	6,02	5,76	5,53	4,99

stant nicht beten. Bei den evangelischen Jugendlichen zeigt sich jedoch der benannte Befund: Bis zum 20. Lebensjahr nimmt die Gebetshäufigkeit ab, danach nimmt sie wieder zu.

Mit Blick auf die Häufigkeitsverteilung zeigt sich, dass es gewisse Unschärfen insofern gibt, dass der Anteil der Nie-Betenden bei den 16- bis 17-Jährigen am größten ist, obwohl die Gebetshäufigkeit im Durchschnitt bei den 18- bis 20-Jährigen noch etwas weiter sinkt. Im Großen und Ganzen repräsentiert jedoch der Befund der Nicht-Beter-Kategorie hinreichend verlässlich die Veränderungen in der Gebetshäufigkeit.

In Relation zu den Befunden der Odenwaldstudie in der Tabelle 3.14 lassen sich kaum präzise Schlüsse ziehen, da die Altersgruppe der 16- bis 18-Jährigen zu klein ist und sich dort die Älteren gegenüber den Jüngeren religiös aufgeschlossener verhalten. Zumindest lässt sich jedoch sagen, dass Kontextfaktoren relevant sind. Das erinnert auch daran, dass die dokumentierten Mittelwerte immer die mögliche kontextuelle Variabilität ausblenden, die angemessener Weise bei diesen allgemeinen Statistiken mitzudenken ist.

Ob und wie sich religiöse Vorstellungen im Verlauf des Lebens wandeln, kann im Generationenvergleich auch anhand verschiedener Datensätze dargestellt werden. Die Daten der VELKD-Studie zum Gottesdienstbesuch von 1972 haben Jugendliche ab dem 16. Lebensjahr erfasst.

In Tabelle 3.16 sieht man, dass die Kirchendistanz nicht primär jugendtypisch ist, da auch die 30- bis 49-Jährigen betonen, dass die Kirche ihnen nicht viel bedeutet. Lediglich bei den über 50-Jährigen überwiegt die Einstellung, zur Lehre der Kirche zu stehen. Am ausgeprägtesten bei den Jugendlichen ist hingegen eine religiöse Suche, die bedingt, dass man sich in Glaubensdingen nicht festlegt. Die religiöse Unsicherheit nimmt jedoch über alle Altersgruppen stetig ab: 18 % der 16- bis17-Jährigen, 14 % der 18- bis 20-Jährigen, 12 % der 21- bis 24-Jährigen, 10 % der 25- bis 29-Jährigen etc. Des Weiteren zeigt sich im Detail, dass die Gruppe der 18- bis 20-Jährigen die größte Distanz zur Kirche hat: Sie verstehen sich am wenigsten als gläubige

Tab. 3.16: Glaubensorientierung in Abhängigkeit vom Lebensalter in der VELKD-Studie von 1972 (Angaben in Prozent)

	16–17 J. (N = 60)	18–20 J. (N = 118)	21–24 J. (N = 155)	25–29 J. (N = 214)	30–49 J. (N = 835)	50 J. u. älter (N = 672)
Ich bin gläubiges Mitglied meiner Kirche und stehe zu ihrer Lehre.	6,7	3,4	5,8	10,3	*18,0*	**45,7**
Ich stehe zur Kirche, aber sie muß sich ändern.	20,0	10,2	12,3	10,7	15,1	13,1
Ich fühle mich als Christ, aber die Kirche bedeutet mir nicht viel.	**26,7**	**29,7**	**35,5**	**42,1**	**32,9**	23,1
Ich habe meine eigenen Glaubensansichten, meine eigene Weltanschauung, ganz unabhängig von der christlichen Kirche.	15,0	22,9	23,2	17,8	17,0	10,1
Ich lebe und arbeite. – Das Übrige ergibt sich von selbst, dazu brauche ich keinen Glauben.	13,3	12,7	9,0	5,6	7,8	4,5
Der Glaube sagt mir gar nichts. Stattdessen setze ich mich für die Aufgaben unserer Welt und für Probleme meiner Mitmenschen ein.	6,7	9,3	6,5	6,5	4,9	2,7
Ich weiß nicht so recht, woran ich eigentlich glauben soll. Deshalb lasse ich solche Fragen offen.	*18,3*	*14,4*	*12,3*	10,3	6,8	4,6

Mitglieder und äußern am häufigsten, dass ihnen der Glaube nichts sagt. Die 16- bis 17-Jährigen stehen dagegen mit 20 % noch eher konstruktiv zur Kirche unter der Bedingung, dass sie sich ändert. Die jüngste Kirchenmitgliedschaftsuntersuchung von 2012 gibt die Möglichkeit, die aktuellen Befunde mit den Entwicklungsdaten von 1972 zu vergleichen. Die Stichprobe ist heterogen und umfasst verschiedene Gruppen: ca. ein Drittel Konfessionslose (33 %) und zwei Drittel Evangelische sowie ein Drittel Ostdeutsche (29 %) und zwei Drittel Westdeutsche. Die Antwortvorgaben in Tabelle 3.17 wurden von den befragten evangelischen und konfessionslosen Jugendlichen und jungen Erwachsenen eingeschätzt mit einer vierstufigen Skala von 1 (trifft voll zu) bis 4 (trifft gar nicht zu). Insgesamt stellt sich die religiöse Selbsteinschätzung (»ich halte mich ...«) und die Meinung zur religiösen Erziehung (»ich wurde religiös erzogen« und »wichtig, dass Kinder eine religiöse Erziehung bekommen«) als eine Funktion des Lebensalters dar. Umso älter die Befragten, desto »religiöser« schätzen sie sich ein. Zudem halten die Älteren es für wichtiger, dass Kinder religiös erzogen werden, und meinen häufiger, dass sie selbst religiös erzogen wurden. Zumindest bei dem letzteren Befund stellt sich die Frage, ob dies ein Kohorteneffekt ist (früher wurde religiöser erzogen) oder aber eine Lebensaltereffekt (Anpassung der rückblickenden Wahrnehmung an die zunehmende Konventionalität mit dem Älterwerden). Weiterhin zeigt sich, dass nicht die jüngste Gruppe am wenigsten religiös ist, sondern die 16- bis 17-Jährigen.

Die religiöse Indifferenz und die Selbsteinschätzung als Atheist*in, die nur für die Konfessionslosen erhoben wurden, sind dagegen relativ konstant.

Tab. 3.17: Mittelwerte zur Religiosität verschiedener Altersklassen in der KMU 5 (2012)

	14–15 J.	16–17 J.	18–20 J.	21–24 J.	25–29 J.	30–49 J.	50 J. u. älter
Ich wurde religiös erzogen.	2,67	3,10	2,87	2,76	2,72	2,53	2,25
Ich denke, dass es wichtig ist, dass Kinder eine religiöse Erziehung bekommen.	2,81	3,23	3,06	2,94	2,82	2,69	2,49
Ich halte mich für einen religiösen Menschen.	2,76	3,30	3,04	3,04	2,86	2,68	2,46
Ich halte mich für einen Atheisten. (nur Konfessionslose)	2,40	2,57	2,25	2,05	2,35	2,28	2,17
Ich habe nichts gegen Religion, sie ist mir einfach egal. (nur Konfessionslose)	2,05	2,06	1,97	2,11	2,03	2,06	2,07

Tab. 3.18: Teilnahme an kirchlichen Gruppen in Abhängigkeit vom Lebensalter in der KMU 5 von 2012 (evangelische und konfessionslose Befragte; Angaben in Prozent)

Lebensalter	Teilnahme an einer kirchlichen Gruppe, einem kirchlichen Kreis
14 – 15 Jahre (N = 77)	14,3
16 – 17 Jahre (N = 136)	3,7
18 – 20 Jahre (N = 338)	2,7
21 – 24 Jahre (N = 178)	2,8
25 – 29 Jahre (N = 374)	4,5
30 – 49 Jahre (N = 982)	5,6
50 Jahre und älter (N = 942)	11,3

Tabelle 3.18 zeigt, wie die Teilnahme an kirchlichen Gruppen mit dem Lebensalter variiert. Hier ist das Bild anders als bei den bisherigen Befunden: die Teilnahme ist primär eine Funktion von Berufstätigkeit oder Familienverantwortung und weniger eine lineare Funktion des Lebensalters. Das heißt, bei Jugendlichen im Konfirmandenalter ist die Teilnahme sehr hoch, aber auch bei den über 50-Jährigen, die als Gruppe die Senior*innen im Ruhestand einschließen.

Tabelle 3.19 dokumentiert die Mittelwerte verschiedener Variablen zur Frage nach dem Sinn des Lebens. Die Skalen sind 4-stufig (1 = häufig, 4 = nie bzw. 1 = ein religiöses Thema, 4 = kein religiöses Thema; 1 = sehr wichtig, 4 = gar nicht wichtig). Es zeigt sich, dass in keiner Altersgruppe Religion für die aufgeführten Themen eine bedeutsame Rolle spielt. Am ehesten sind in fast allen Altersgruppen die Themen »Anfang und Ende der Welt«, »Sinn des Lebens« und »Tod« ein religiöses Thema. Lediglich bei den 21- bis 44-Jährigen und den über 50-Jährigen ist die Frage der Sterbehilfe auch religiös relevant, wohingegen die Sinnfrage als weniger religiös eingeschätzt wird.

Tab. 3.19: Mittelwerte für die Bedeutung von Religion in verschiedenen Lebensbereichen, differenziert nach Altersklassen in der KMU 5 (2012)

Im Folgenden sind Themen aufgelistet, bei denen für einige Menschen Religion eine Rolle spielt. Wie ist das für Sie? Für mich ist...	14–15 J.	16–17 J.	18–20 J.	21–24 J.	25–29 J.	30–49 J.	50 J. u. älter
der Sinn des Lebens	2,70	3,04	2,96	2,90	2,78	2,69	2,72
der Tod	2,84	3,00	2,97	2,80	2,76	2,61	2,42
Werte wie Gerechtigkeit, Freiheit, Frieden	2,97	3,29	3,17	3,07	2,96	2,88	2,75
ein Recht auf Leben (in Bezug auf ungeborenes Leben, die Todesstrafe o. ä.)	2,91	3,29	3,13	3,07	2,99	2,82	2,62
die Natur	3,22	3,27	3,31	3,18	3,12	3,09	3,01
die Geburt eines Kindes	3,09	3,26	3,16	3,08	3,02	2,91	2,66
Fragen von Sterbehilfe, Selbsttötung o. ä.	2,95	3,27	3,10	2,88	2,94	2,80	2,54
Anfang und Ende der Welt	2,69	3,01	2,93	2,82	2,76	2,60	2,51
Schuld	3,04	3,28	3,21	3,14	3,06	2,90	2,77
Wie häufig tauschen Sie sich über den Sinn Ihres Lebens aus?	3,64	3,68	3,51	3,39	3,48	3,37	3,49
Wie häufig tauschen Sie sich über religiöse Themen aus?	3,45	3,67	3,59	3,56	3,49	3,41	3,45
Wie wichtig ist Ihnen persönlich der Austausch über religiöse Themen?	2,38	2,67	2,69	2,52	2,58	2,39	2,24

Tabelle 3.19 zeigt darüber hinaus, dass in allen Altersgruppen der Austausch über religiöse Themen und über Sinnfragen nicht regelmäßig stattfindet, sondern eher einen außeralltäglichen Charakter hat. Die Mittelwerte für die Themen »Religion« und »Sinn« sind für die Altersgruppen ähnlich hoch. Allerdings tauschen sich die 14- bis 15-Jährigen etwas häufiger über Religion aus, was mutmaßlich am Konfirmandenunterricht liegt, an dem noch ein großer Teil der 14-Jährigen teilnimmt. Im Altersvergleich am häufigsten tauschen sich die 30- bis 49-Jährigen über Sinnfragen und religiöse Themen aus. Schließlich zeigt die Tabelle in der letzten Zeile, dass insbesondere den Jüngsten und den Ältesten der Austausch über religiöse Themen wichtig ist.

Im Altersvergleich von Tabelle 3.20 zeigt sich, dass die bekenntnisgemäße Aussage zum Glauben an Jesus Christus insgesamt am meisten Zustimmung findet. Lediglich bei den 16- bis 24-Jährigen wird der Glaube an Gott oder eine höhere geistige Macht von 30–36 % der Befragten abgelehnt. Im weiteren Verlauf nimmt dann der Glaube an Gott mit dem Alter wieder stetig zu. Im Detail zeigt sich des Weiteren, dass die Gruppe der 16- bis 17-Jährigen nicht nur den Glauben an Gott am stärksten ablehnt, sondern auch mit 26 % Zustimmung die größte Verunsicherung ausdrückt (»ich weiß nicht richtig, was ich glauben soll«). Diese Unsicherheit nimmt dann im weiteren Verlauf weitgehend und stetig ab. Bei den über 50-Jährigen bejahen dann nur noch 11 % diese Aussage.

In Tabelle 3.21 wurden verschiedene Aussagen zu den eigenen religiösen Erfahrungen auf einer fünfstufigen Skala von »trifft überhaupt nicht zu« bis »trifft voll und ganz zu« bewertet. Insgesamt nehmen die religiösen Erfahrungen mit dem Lebensalter zu. Das betrifft die Erfahrung des »Kontakts mit Gott oder mit einer spirituellen Macht«, der Erfahrung, dass »Gott eingreift«, dass der Glaube »Geborgenheit« vermittelt, dass es ein »Leben nach dem Tod« gibt, dass Gott »wie ein Richter« ist sowie das Gefühl, »eins zu sein mit der Welt«. Allerdings ist bei der vorgenommen Altersdifferenzierung wieder auffällig, dass die 16- bis 17-Jährigen religiöse Erfahrungen deutlich stärker verneinen als die 14- bis 15-Jährigen. Dieser Befund

Tab. 3.20: Prozentwerte für mögliche Gottesbilder in verschiedenen Altersklassen in der KMU 5 (2012) – Evangelische und Konfessionslose

Welche der folgenden Aussagen kommt Ihren Überzeugungen am nächsten?	14–15 J.	16–17 J.	18–20 J.	21–24 J.	25–29 J.	30–49 J.	50 J. u. älter
Ich glaube, dass es einen Gott gibt, der sich in Jesus Christus zu erkennen gegeben hat.	37,3	17,6	23,4	26,4	30,2	40,6	50,0
Ich glaube, dass es irgendein höheres Wesen oder eine geistige Macht gibt.	22,1	20,6	28,1	26,4	29,9	26,1	18,9
Ich weiß nicht richtig, was ich glauben soll.	16,9	25,7	18,3	14,0	15,8	12,3	11,0
Ich glaube nicht, dass es einen Gott, irgendein höheres Wesen oder eine geistige Macht gibt.	23,4	36,0	30,2	33,1	24,1	20,9	20,1
Teilnahme am Frauenkreis, Männerkreis, Seniorenkreis, Jugendgruppe oder Gesprächskreis	14,3	3,7	2,7	2,8	4,5	5,6	11,3

Tab. 3.21: Mittelwerte für die Zustimmung zu Aussagen, die die eigene Religiosität beschreiben für verschiedener Altersklassen in der KMU 5 (2012)

Inwiefern stimmen Sie den folgenden Aussagen zu?	14–15 J.	16–17 J.	18–20 J.	21–24 J.	25–29 J.	30–49 J.	50 J. u. älter
Ich hatte Situationen, in denen ich das Gefühl hatte, mit Gott oder einer spirituellen Macht in Kontakt zu sein.	2,03	1,71	1,83	1,85	2,01	2,09	2,21
Gott greift in mein Leben ein.	2,10	1,76	1,93	2,10	2,08	2,25	2,41
Mein Glaube gibt mir ein Gefühl der Geborgenheit.	2,48	1,85	2,09	2,27	2,32	2,55	2,77
Ich glaube an ein Leben nach dem Tod.	3,17	2,47	2,87	3,10	2,94	3,16	3,33
Gott ist wie ein Richter.	2,10	1,75	1,88	2,00	2,04	2,18	2,35
Ich glaube an Gott, obwohl ich immer wieder zweifle und unsicher werde.	2,21	1,87	2,04	2,08	2,23	2,25	2,20
Ich bin religiös auf der Suche.	1,65	1,67	1,63	1,78	1,78	1,80	1,57
Ich hatte schon das Gefühl, eins zu sein mit der Welt.	1,87	1,74	1,87	2,07	2,05	2,12	2,25

entspricht der starken Autonomieentwicklung in dieser Altersphase (▶ Abb. 2.4). Anders verhält es sich bei den Items zur Suche und zum Zweifel. Der Verlauf bei der religiösen Suche ist nicht linear. Jüngere suchen nicht mehr als die anderen Generationen. Die 30- bis 49-Jährigen suchen am meisten. Auch der Zweifel ist bei den 30- bis 49-Jährigen am stärksten ausgeprägt, wenngleich die Differenzen zwischen den Kohorten gering sind.

Werteentwicklung über das Lebensalter

An anderer Stelle habe ich bereits ausführlich Werteentwicklungen über das Jugendalter dargestellt (vgl. Gennerich, 2010a, S. 51–55). Zum Abschluss dieses Abschnitts präsentiert Abbildung 3.6 einen prototypischen Entwicklungsverlauf, der die bisherigen Befunde zusammenfasst.

Da dieses Kapitel Unterschiede bzw. Veränderungen bezogen auf das Lebensalter, Erhebungsjahre bzw. -jahrzehnte und Länder vergleicht, werden hier Veränderungen im Jugendalter mit Daten des ESS präsentiert, weil mit denselben Daten in Kapitel 3.4 auch unterschiedliche Erhebungsjahre differenziert werden können.

Dazu muss für die Stichprobe der deutschen Jugendlichen zunächst das Wertefeld berechnet werden. Der Befund dieser Berechnung, bei der mittels Faktorenanalyse mit den Items des PVQ-21 zwei Faktoren extrahiert werden, ist in Abbildung 3.3 dargestellt (vgl. zum PVQ-21 Schmidt et al., 2007).

Es zeigt sich in Abbildung 3.3, dass die 21 Werteitems theoriegemäß auf den visualisierten Wertedimensionen laden. Zum Beispiel repräsentieren die Werte »alle Menschen gleich behandeln« und »Umweltschutz« den Pol der *Selbst-Transzendenz* und »reich sein« und »erfolgreich sein« den Gegenpol der *Selbst-Steigerung.* »Korrektes Verhalten« und ein »sicheres Umfeld« repräsentieren theoriegemäß Werte der *Bewahrung* sowie »Abwechslung« und »Unabhängigkeit« den Pol *Offenheit für Wandel.* Mit Blick auf die Pole verhalten sich alle

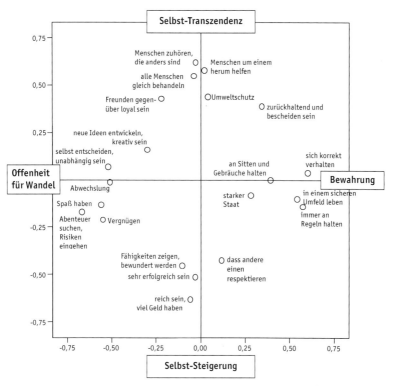

Abb. 3.3: Plot der Faktorladungen für den PVQ-21 mit der Stichprobe der deutschen 15- bis 25-Jährigen über 9 Erhebungswellen (2002–2018) im ESS (N = 3423)

Items theoriekonform, sodass die Dimensionen für die angestrebte Analyse herangezogen werden können.

Die Werteentwicklung im Jugendalter über 9 Runden des ESS stellt Abbildung 3.4 anhand der deutschen Stichproben dar. Gegenüber Abbildung 3.6 fehlen in der ESS-Stichprobe 10- bis 14-Jährige. Ein Teil des erwartbaren »Kurvenverlaufs« fehlt daher. Gleichwohl ist der Befund stimmig im Verhältnis zu den bisherigen Befunden: (a) die 23- bis 25-Jährigen tendieren nach oben/rechts in den Bereich der Werteklassen Prosozialität und Tradition; (b) die 15- bis 16-Jährigen

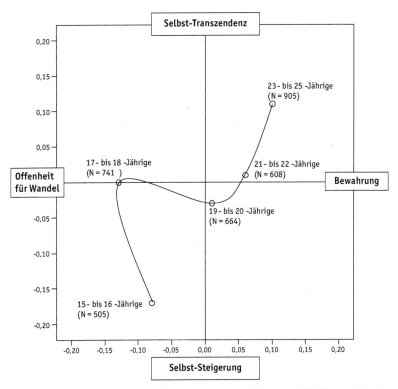

Abb. 3.4: Gewichtete mittlere Faktorscores für den PVQ-21 im ESS (Wellen 1 bis 9) über verschiedene Altersgruppen deutscher Jugendlicher

liegen unten/links; und (c) die 17- bis 18-Jährigen liegen eher oberhalb der 15- bis 16-Jährigen.

Der Befund von Abbildung 3.4 lässt sich auch geschlechtsdifferenziert darstellen. Abbildung 3.5 zeigt, dass die weiblichen Jugendlichen oben im Feld liegen und die männlichen Jugendlichen unten im Feld. Das entspricht bisherigen Befunden (Gennerich, 2010a, S. 52–55). Sodann zeigt sich auch geschlechtsdifferenziert, dass bei beiden Geschlechtern die 23- bis 25-Jährigen am deutlichsten in Richtung oben/rechts liegen. Ebenso zeigt sich bei beiden Geschlechtern, dass die 15- bis 16-Jährigen in Richtung unten/links (Hedonismus) liegen

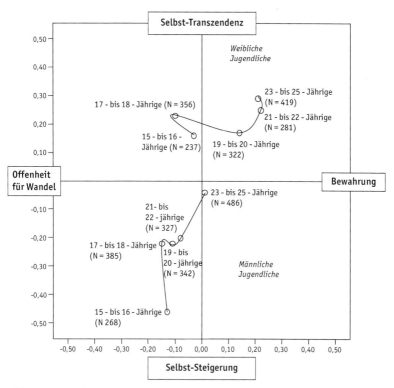

Abb. 3.5: Gewichtete mittlere Faktorscores des PVQ-21 für männliche und weibliche Jugendliche differenziert nach Altersgruppen im ESS (Welle 1 bis 9; 2002 bis 2018)

und dass sich die 17- bis 18-Jährigen tendenziell etwas mehr in Richtung Selbst-Transzendenz verorten als die 15- bis 16-Jährigen. Insgesamt dokumentieren daher die Abbildungen 3.4 und 3.5 im Wesentlichen die zunehmende Fähigkeit zur Selbst-Regulation und Zukunftsplanung aufgrund der Reifung des Frontalkortex (▶ Kap. 2.2.2).

In Zusammenfassung der bisher bekannten Befunde sei in Abbildung 3.6 ein hypothetischer Altersverlauf im Wertefeld skizziert (Gennerich, 2010a, S. 51–55; 2017c, S. 176; 2018b, S. 21). Die Abbildung

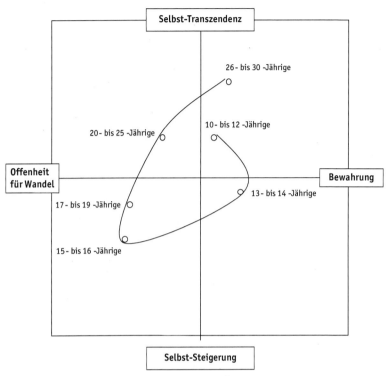

Abb. 3.6: Hypothetischer Werteverlauf zwischen dem 10. und 30.

Lebensjahr wiederholt den Entwicklungsverlauf in den Werthaltungen Jugendlicher und ergänzt ihn um die Gruppe der 10- bis 12-Jährigen. Diese betonen in der Regel deutlicher als die 13- bis 14-Jährigen Werte der Selbst-Transzendenz (Gennerich, 2010a, S. 55; 2017c, S. 176). Insgesamt spiegelt sich in diesem Verlauf das Entwicklungsmuster des religiösen Urteils nach Oser und Gmünder (1984), das in Kapitel 2.2.2 in das Wertefeld überführt wurde (▶ Abb. 2.8). Ebenso entspricht der Verlauf den dokumentierten Veränderungen der Religiosität und des Glaubens über das Lebensalter, die wir in diesem Kapitel beschrieben haben. Denn durchgängig zeigte sich eine Abnahme der zugeschriebenen Relevanz von Religion und Glauben von der jüngsten Altersgruppe (d.h. den 14- bis 15- bzw. 16- bis 17-Jährigen) hin zur zweitjüngsten Altersgruppe (den 16–17- bzw. 18–20-Jährigen) sowie ein Anstieg verschiedener Religiositätsmessungen zwischen dem 18. und 21. Lebensjahr hin zum späteren Erwachsenenalter (50 Jahre und älter). Über das ganze Lebensalter betrachtet ist daher der Verlauf des Verhältnisses zum Thema Religion, Glaube und Sinnsuche kurvilinear. Da wir diese Entwicklung sowohl mit Daten von 1972 wie auch von 2012 belegen konnten, ist davon auszugehen, dass sich dieser Effekt unabhängig von möglichen Kohorteneffekten realisiert. Dafür spricht schließlich auch, dass sich der beschriebene Kurvenverlauf eben nicht nur bezogen auf den Grad der Religiosität und die Präferenz für unterschiedliche Gottesbilder zeigt, sondern auch bei der Messung von Wertepräferenzen (▶ Abb. 3.6, vgl. Gennerich, 2010, S. 51–54).

3.3 Werte und Religiosität deutscher Jugendlicher im internationalen Vergleich

Für einen Vergleich der Werthaltungen von Jugendlichen in Abhängigkeit zu ihrer Nationalität eignen sich die Daten des World Value Surveys. Im World Value Survey wurden 10 Items aus dem PVQ-21 ausgewählt, sodass jede Werteklasse mit einem Item vertreten ist. Um eine bessere Vergleichbarkeit mit Abbildungen zu haben, die bereits mit dieser 10 Itemversion vorliegen, wurde hier für die Berechnung des Wertefeldes auf eine eigene »Normstichprobe« zurückgegriffen (vgl. Gennerich, 2018b). Es zeigen sich deutliche Unterschiede zwischen den Ländern, die sich weitgehend nach Kulturkreisen differenzieren.

Es zeigt sich bei Abbildung 3.7, dass der Nullpunkt links auf der horizontalen Dimension liegt. Der Grund hierfür ist, dass die meisten Länder konservativer als Deutschland sind. Mit Blick auf die deutsche

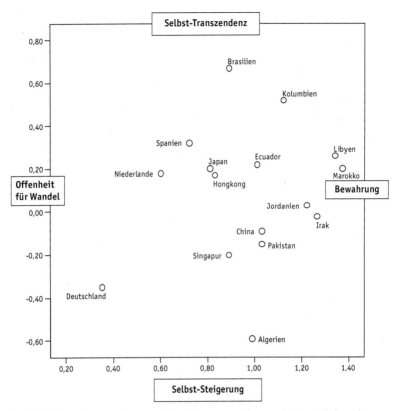

Abb. 3.7: Mittlere geschätzte Werte-Faktorscores der 15- bis 25-Jährigen in verschiedenen Ländern im WVS 2010–2014 (Welle 6)

Stichprobe zeigt sich eine tendenziell etwas mehr nach rechts verlagerte Position in Relation zur Normstichprobe. Dies ist darauf zurückzuführen, dass die Jugendstichproben des WVS mit ihren 15- bis 25-Jährigen deutlich älter sind als die Stichprobe aus dem Odenwald (dort 10- bis 18-Jährige). Gleichwohl liegt die deutsche WVS-Teilstichprobe am dichtesten beim Nullpunkt der deutschen Normstichprobe, sodass sich hier zugleich die Stabilität der kulturellen Differenzen dokumentiert.

Insgesamt zeigt sich ein differenziertes Wertemuster der Kulturregionen. Jugendliche in Spanien und den Niederlanden zeigen neben Jugendlichen in Deutschland eine deutliche Präferenz für Werte am Pol »Offenheit für Wandel«. Nicht-muslimische asiatische Länder (Japan, Hongkong, China, Singapur) verorten sich mittig. Jugendliche in den südamerikanischen Ländern (Brasilien, Kolumbien und Ecuador) zeigen besonders profiliert prosoziale Werte am Pol »Selbst-Transzendenz« zusammen mit einer leicht konservativen Tendenz. Die muslimischen Länder (Algerien, Pakistan, Jordanien, Irak, Marokko und Libyen) lokalisieren sich primär am Pol Bewahrung, wobei algerische Jugendliche darüber hinaus besonders stark Werte der Selbst-Steigerung betonen.

Tab. 3.22: Religiositätsprofil der Jugendlichen im WVS 2010–2014 (15- bis 25-Jährige) aus den Ländern von Abbildung 3.7

	Glaube an: Gott (%)	Glaube an: Hölle (%)	Zeremonien (vs. Gutes tun)	Sinn nach dem Tod (vs. in dieser Welt)	Exklusivismus *	Pluralismus**	Wichtigkeit Gottes im Leben (M) **
Deutschland (N = 213)	54	20	52 (48)	30 (70)	22	66	4,52
Niederlande (N = 121)	35	13	34 (66)	26 (74)	13,5	68,5	3,26
Spanien (N = 178)	63	34	12,5 (87,5)	16 (84)	21	78	4,23
Brasilien (N = 258)	99	74	15 (85)	28 (72)	11	81	9,35
Kolumbien (N = 316)	97,5	65	14 (86)	18 (82)	20	78	9,38
Ecuador (N = 280)	95	67	17 (83)	15 (85)	31	70	9,04

Tab. 3.22: Religiositätsprofil der Jugendlichen im WVS 2010–2014 (15- bis 25-Jährige) au
den Ländern von Abbildung 3.7 – Fortsetzung

	Glaube an: Gott (%)	Glaube an: Hölle (%)	Zeremonien (vs. Gutes tun)	Sinn nach dem Tod (vs. in dieser Welt)	Exklusi- vismus *	Pluralis- mus**	Wichtigkeit Gottes im Leben (M) **
Algerien (N = 339)	100	98,5	55 (45)	52 (48)	95	42	9,45
Irak (N = 317)	100	99	50 (50)	44 (56)	79	58,5	9,77
Jordanien (N = 258)	100	99	43 (57)	32,5 (67,5)	95	65	9,71
Libyen (N = 641)	100	92	31 (69)	53 (47)	97	60	9,71
Marokko (N = 233)	100	100	64 (36)	67 (33)	92	51	9,82
Pakistan (N = 354)	100	100	74 (26)	78,5 (21,5)	95	55	9,68
Japan (N = 159)	58	39	38 (62)	27 (73)	25	34	4,18
Hongkong (N = 165)	58	54,5	24 (76)	44,5 (55,5)	29	62	4,77
China (N = 275)	13,5	13	17,5 (82,5)	25 (75)	14	35	3,39
Singapur (N = 319)	80	74	20 (55)	8 (33)	24	75,5	6,63

*Prozente für »strongly agree« + »agree«. ** 1 = überhaupt nicht wichtig; 10 = sehr wichtig.

Für die Länder in Abbildung 3.7 können auf der Basis des World Value Surveys nun auch die religiösen Einstellungen im kulturellen Vergleich betrachtet werden, wie Tabelle 3.22 zeigt. Tabelle 3.22 zeigt, dass es einerseits beachtliche Unterschiede zwischen den europäischen Ländern in der Religiosität gibt. So glauben in den Niederlanden nur 35 % der Jugendlichen an Gott, wohingegen in Spanien 63 % an Gott glauben. Vergleichbar finden niederländische Jugendliche Gott im Leben besonders unwichtig (M = 3,26), wohingegen spanische (M = 4,23) und deutsche (M = 4,52) Jugendliche deutlich höhere Werte aufweisen. Im globalen Vergleich zeigt sich jedoch wiederum eine deutliche Gemeinsamkeit der europäischen Länder, denn Jugendliche aus südamerikanischen Ländern sagen in 95 % bis 99 % der Fälle, dass sie an Gott glauben. In den muslimischen Ländern bekunden sogar 100 % der Jugendlichen, an Gott zu glauben. Der wesentliche Unterschied zwischen den südamerikanischen und den muslimischen Ländern liegt dabei nicht im Glauben an Gott, sondern vielmehr darin, dass Jugendliche in den muslimischen Ländern zugleich stärker an die Hölle glauben (92 bis 100 %) als südamerikanische Jugendliche (65 bis 74 %) und weniger pluralistisch orientiert sind (Pluralismus-Item:»Menschen, die einer anderen Religion angehören, sind wahrscheinlich genauso tugendhaft wie die meiner Religion«; 42 bis 65 % Zustimmung im Vergleich zu 70 bis 81 % bei südamerikanischen Jugendlichen). Bezogen auf den Glauben an Gott erweisen sich schließlich die asiatischen Staaten sowohl als heterogen und moderat: Nur 13 % der chinesischen Jugendlichen glauben an Gott, aber 80 % der Jugendlichen im multireligiösen Singapur. In China werden zugleich Menschen anderer Religion nur von einer Minderheit als tugendhaft eingeschätzt (35 %), wohingegen im Stadtstaat Singapur 75,5 % anders religiöse Menschen als tugendhaft einschätzen (im Sinne des Pluralismus-Items »Menschen, die einer anderen Religion angehören, sind wahrscheinlich genauso tugendhaft wie die meiner Religion«).

Im Detail gibt es darüber hinaus auch interessante Auffälligkeiten: Zum Beispiel wird Religion von chinesischen Jugendlichen vor allem ethisch interpretiert (»anderen Gutes tun«; 82,5 %), wohingegen in

Pakistan (im Wertefeld und geographisch benachbart) Religion vor allem religiös-zeremoniell interpretiert wird (religiöse Normen und Zeremonien; Itemwortlaut:»Sinn von Religion: Religiöse Normen und Zeremonien beachten (vs. anderen Gutes tun)«; 74 %). Auch innerhalb der islamischen Länder gibt es hier große Unterschiede: 26 % der pakistanischen Jugendlichen interpretieren Religion ethisch (anderen Gutes tun), jedoch 69 % der libyschen Jugendlichen. Auch in Europa gibt es hier deutliche Unterschiede: 87,5 % der spanischen, jedoch nur 48 % der deutschen Jugendlichen interpretieren Religion ethisch. Das Muster ist in Deutschland heterogen. Anders jedoch bei der Frage, ob nur die eigene Religion akzeptabel sei (siehe Exklusivismus-Item:»Nur meine Religion ist akzeptabel«): hier stimmen in Europa, in Südamerika und im nicht-muslimischen Asien nur 11 bis 31 % der Jugendlichen zu, jedoch 79 bis 97 % der muslimischen Jugendlichen. Weiterhin zeigt sich in Europa und in Südamerika eine klare innerweltliche Interpretation von Religion (für das Leben in dieser Welt: 70–85 %; und weniger für das Leben nach dem Tod: 15–30 %; Itemwortlaut:»Sinn von Religion: Sinn für das Leben nach dem Tod (vs. für das Leben in dieser Welt)«); in den muslimischen Ländern ist das Muster hier jedoch deutlich heterogener (Jordanien: 67,5 % für das Leben in dieser Welt; Marokko: 67 % für das Leben nach dem Tod).

Insgesamt dokumentieren die Befunde soweit beachtliche Unterschiede zwischen einzelnen Ländern und Kulturräumen. Diese entsprechen im Großen und Ganzen auch den Wertorientierungen in diesen Ländern. Dass die Jugendlichen in lateinamerikanischen Ländern bei gleich hohem Gottesglauben interreligiös offener als die Jugendlichen in muslimischen Ländern sind, spiegelt sich darin, dass die lateinamerikanischen Jugendlichen näher am Pol der Selbst-Transzendenz liegen und muslimische Jugendliche eher im Bereich unten/rechts, der geprägt ist durch xenophobische Orientierungen (vgl. Gennerich, 2018a). Die europäischen Jugendlichen liegen im Bereich des Pols»Offenheit für Wandel«, was ihrer ausgeprägten interreligiösen Offenheit bzw. Akzeptanz anderer Religionen entspricht.

Die Analyse hat soweit gezeigt, dass sich deutsche Jugendliche in ihrer Religiosität von Jugendlichen anderer Länder unterscheiden. Das spezifische Religiositätsprofil von Jugendlichen in Deutschland in Relation zu Erwachsenen geht damit nicht einzig auf das Jugendalter zurück, sondern wird offenkundig mitbestimmt durch kulturelle Traditionen.

Auch der Religionsmonitor 2013 bietet sich für die Analyse dieser Fragestellung an, weil hier Jugendliche zwischen 15 und 25 Jahren (M = 20,56) aus zehn Ländern erfasst wurden: Brasilien (N = 176), Schweiz (N = 160), Deutschland (N = 324; bei Gebet ohne Muslime; auch bei den anderen Ländern, aber dort nur wenige Muslime), Spanien (N = 186), Frankreich (N = 140), Israel (N = 210), Indien (N = 496), Korea (N = 168), Türkei (N = 229; gewertet das häufigere Du'a und nicht Salāt) und U.K. (N = 130).

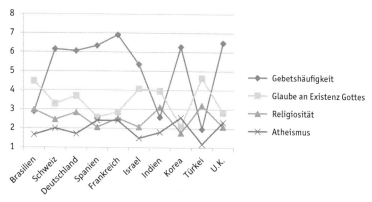

Abb. 3.8: Allgemeine Religiosität in zehn verschiedenen Ländern im Religions-monitor 2013

Abbildung 3.8 stellt vier verschiedene Religiositätsvariablen im Ländervergleich dar.

a) Gebetshäufigkeit: Die Variable wurde kodiert von 1 (mehrmals am Tag) bis 8 (nie). Es zeigt sich, dass Jugendliche in Deutschland sehr wenig beten. Wenig (sogar noch weniger) wird auch in der

Schweiz, Spanien, Frankreich, Korea und Großbritannien gebetet. In Brasilien, Indien und der Türkei beten Jugendliche dagegen sehr viel.

b) Glaube an die Existenz Gottes: Die Variable wurde von 1 (gar nicht) bis 5 (sehr) kodiert. Es zeigt sich, dass vor allem Jugendliche in Brasilien und der Türkei von der Existenz Gottes überzeugt sind. In Korea zweifeln die meisten Jugendlichen an der Existenz Gottes. Deutsche Jugendliche liegen in dieser Beziehung im Mittelfeld.

c) Religiosität: Mit einem Item wurde direkt nach der religiösen Selbsteinschätzung gefragt. Es wurde von 1 (gar nicht) bis 5 (sehr religiös) kodiert. Die Jugendlichen in Brasilien, Indien und besonders in der Türkei zeigen sich als religiös. In Korea betrachten sich die Jugendlichen am wenigsten als religiös. Deutsche Jugendliche liegen hier im Mittelfeld.

d) Atheismus: Das Item »I would call myself an atheist« misst ein Selbstverständnis als Atheist. Es wurde kodiert von 1 (stimme gar nicht zu) bis 4 (stimme voll zu). Es zeigt sich, dass es in der Türkei kaum Atheisten gibt und in Süd-Korea besonders viele. Deutsche Jugendliche liegen hier im Mittelfeld, wobei insgesamt ein Selbstverständnis als Atheist eher abgelehnt wird. Der Befund verhält sich damit soweit in Übereinstimmung zu den bereits berichteten Befunden des World Values Surveys. Wie sieht es mit der interreligiösen Offenheit im Ländervergleich aus?

Abbildung 3.9 stellt die Mittelwerte für drei religionstheologische Positionen dar. *Religiöser Pluralismus* (»For me, every religion has some truth«): Es wurde 1 (stimme gar nicht zu) bis 4 (stimme voll zu) kodiert. Für Deutschland zeigt sich eine hohe Ausprägung des religiösen Pluralismus, die nur von den britischen Jugendlichen (U.K.) minimal überboten wird. Jugendliche in der Türkei weisen bei dieser Variablen den niedrigsten Wert auf, sodass sich hier ebenfalls der Befund der muslimischen Länder im WVS bestätigt.

Religiöse Multiperspektivität (»How important is it for you to look at religious issues from different angles?«) wurde von 1 (überhaupt nicht) bis 5 (sehr) kodiert. Auch hier legen die deutschen Jugendli-

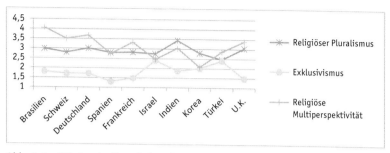

Abb. 3.9: Mittelwerte für religionstheologische Positionen in zehn verschiedenen Ländern im Religionsmonitor 2013

chen einen Spitzenplatz ein, der nur von den brasilianischen Jugendlichen überboten wird. Eine besonders geringe Multiperspektivität vertreten Jugendliche aus Süd-Korea. Ihr Wert liegt bei 2,0 und indiziert in diesem Fall sogar eine deutliche Ablehnung von Multiperspektivität in religiösen Dingen.

Exklusivismus: Das Item für religiösen Exklusivismus lautete »I am convinced that only the members of my religion attain salvation« und wurde von 1 (stimme gar nicht zu) bis 4 (stimme voll zu) kodiert. Deutsche Jugendliche lehnen einen religiösen Exklusivismus deutlich ab. Noch etwas ausgeprägter ist die Ablehnung der exklusivistischen Position in Spanien, Frankreich und Großbritannien. Anhänger des Exklusivismus gibt es vor allem in Israel und der Türkei.

Insgesamt haben deutsche Jugendliche im internationalen Vergleich ein religiös plurales Selbstverständnis, lehnen einen religiösen Exklusivismus ab und betrachten religiöse Dinge gerne von verschiedenen Seiten. Sie beten wenig, betrachten sich aber auch nicht als atheistisch. Vielmehr empfinden sie sich als moderat religiös. Mit diesem Profil unterscheiden sich deutsche Jugendliche von Jugendlichen in der Türkei, die deutlich exklusivistischer und weniger pluralistisch sind. Anders als deutsche Jugendliche beten türkische Jugendliche viel und betrachten sich als deutlich religiöser. Noch einmal ein anderes Muster zeigen Jugendliche in Süd-Korea, die weniger pluralismusfreundlich als die deutschen Jugendlichen sind, sich aber zugleich als wenig religiös betrachten.

3.4 Werte und Religiosität Jugendlicher im Vergleich der Jahrzehnte (1953–2019)

Werteveränderungen zwischen 2002 und 2018

Der European Social Survey erlaubt, mögliche Wertepräferenzveränderungen unter deutschen Jugendlichen im Zeitraum von 2002 bis 2018 zu überprüfen. Anhand der Faktorscores kann man in Abbildung 3.10 im Wertefeld von Abbildung 3.3 die mittleren Werteorientierungen der deutschen Jugendlichen für diese Erhebungszeitpunkte darstellen.

Abbildung 3.10 zeigt die mittleren Faktorscores der deutschen Jugendlichen in den neun Erhebungsjahren des ESS von 2002 bis 2018. Insgesamt zeichnen sich in den Jahren 2002 bis 2012 nur minimale Veränderungen in den Werthaltungen der Jugendlichen ab. Jedoch dokumentiert der Befund eine deutliche Verschiebung in Richtung von Selbst-Transzendenzwerten im Jahr 2014 und den Folgejahren. Zeitgeschichtliche Ereignisse bilden sich in den betrachteten 16 Jahren kaum ab. Die Finanzkrise 2007/08 oder die Griechenlandkrise mit dem Rettungsschirm 2010 könnten als bedrohliche Ereignisse eher zu mehr Konservatismus führen (vgl. Jost et al., 2003) oder Anlass geben, selbst egoistischer zu handeln. Klare Effekte zeigen sich hier jedoch nicht. Am 9. April 2015 hieß Angela Merkel als Bundeskanzlerin syrische Flüchtling willkommen, woraufhin viele unregistrierte Flüchtlinge Deutschland erreichten, sodass die rechtsnationalistische AfD von 3 % im August 2015 auf 12 % im Mai 2016 in der Wählergunst bei der Sonntagsfrage kletterte und die deutsche Bevölkerung insgesamt stärker Selbst-Steigerungswerte betonte (Gennerich, 2018a, S. 269–270). Dieser Effekt zeigte sich bei den Jugend-

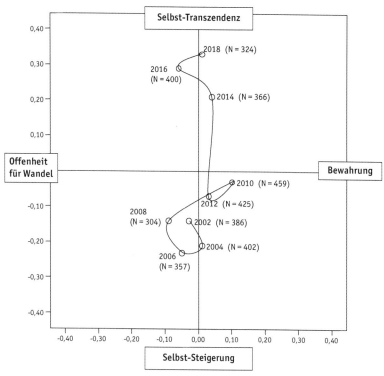

Abb. 3.10: Mittlere Faktorscores des PVQ-21 der deutschen 15- bis 25-Jährigen in den neun Erhebungswellen des ESS

lichen nicht. Die Entwicklung ging vorher schon in Richtung universalistischer Werte und wurde durch die Flüchtlingskrise nicht in Frage gestellt. Den Schulstreik fürs Klima (»Fridays for Future«) begann Greta Thunberg am 20. August 2018. Die Daten lassen sich hier eher so interpretieren, dass die Bewegung in Westeuropa deshalb schnell Nachahmer*innen fand, weil die Jugendlichen für die Klimakatastrophe bereits sensibilisiert waren und in Fridays for Future eine passende Ausdrucks- und Einflussform ihrer gewandelten Werte gefunden haben.

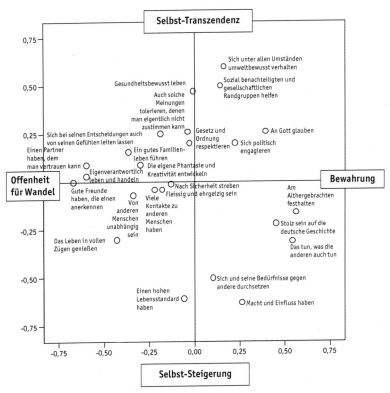

Abb. 3.11: Wertefeld (Plot der Faktorladungen) der kumulierten Shell-Jugendstudien 2002–2019

Die in der Shell-Jugendstudie erfassten Werte unterscheiden sich von den Werten, die im Konzept von Schwartz erfasst werden. Ihre Inhaltsstruktur lässt sich jedoch ebenfalls orientiert am zweidimensionalen Wertekonzept von Schwartz darstellen (vgl. Gennerich, 2010a, S. 45–49 für das methodische Vorgehen). Der faktorenanalytische Befund in Abbildung 3.11 entspricht einerseits dem Ergebnismuster, wie es in früheren Berechnungen gefunden wurde, und lässt sich als Reproduktion der Schwartzschen Wertestruktur begründen (Gennerich, 2010a, S. 426), denn die Macht- und Leistungswerte der

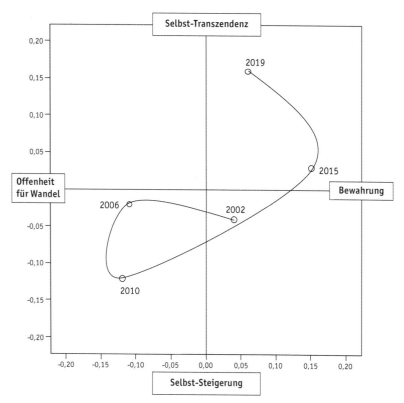

Abb. 3.12: Mittlere Werte-Faktorscores der 12- bis 25-Jährigen in den fünf Erhebungswellen der Shell-Jugendstudien

Shell-Jugendstudie (Lebensstandard, Macht, Bedürfnisse durchsetzen) entsprechen in ihrer Verortung theoriegemäß dem Pol der Selbststeigerung und die Werte der Toleranz, Hilfsbereitschaft und des Umweltbewusstseins gelten als Selbst-Transzendenzwerte. Die Orientierung am Althergebrachten, an deutscher Geschichte und an dem, was andere tun (Konformität), spiegelt angemessen Bewahrungswerte und der Pol der Offenheit für Wandel wird stimmig über die Werte Leben genießen (Hedonismus) sowie Kreativität und Eigenverantwortlichkeit (Selbstentfaltung) repräsentiert. Freunde und

Partnerschaft stehen dabei für Entwicklungsaufgaben, die mit der Gewinnung von Autonomie gegenüber der Herkunftsfamilie assoziiert sind und daher ebenfalls deutlich am Pol »Offenheit für Wandel« lokalisiert sind.

Abbildung 3.12 dokumentiert ab 2010 eine deutliche Veränderung der Wertsetzungen der befragten deutschen Jugendlichen: Hedonistische Werte haben an Einfluss verloren, hingegen werden vergleichbar zu den Befunden des ESS zunehmend Selbst-Transzendenzwerte vertreten.

Ausgehend von diesem Befund lässt sich vermuten, dass religiöse Sinnkonstruktionen, die diesen Orientierungen entsprechen, durchaus von den Jugendlichen bejaht werden könnten. Wenn sie dies nicht tun, wäre der Frage nachzugehen, über welche alternativen Ausdrucksformen die Jugendlichen ihre Orientierungen zur Sprache bringen können.

Veränderungen zwischen 1953–2019

Die Shell-Jugendstudien erlauben, die Entwicklung der Religiosität bei Jugendlichen in Deutschland von 1953 bis 2019 zu verfolgen. Das sind gut 60 Jahre. Die für eine solche Entwicklungsanalyse zur Verfügung stehenden Daten sind jedoch fragmentarisch, weil nicht bei jeder Studie die gleichen Fragen gestellt wurden. Die im Folgenden dargestellten Variablen erlauben am ehesten, Urteile über mögliche Entwicklungsverläufe zu stellen.

Die folgenden Erhebungsjahre der Shell-Jugendstudien können für den Zeitvergleich herangezogen werden: 1953 (Shell, 1953), 1965 (Shell, 1967), 1975 (Blücher, Tacke & Schöppner, 1975; Shell, 1975), 1981 (Shell, 1981), 1984 (Fischer, Fuchs, Jugendwerk der Deutschen Shell & Zinnecker, 1985), 1991 (Zinnecker, Fischer & Jugendwerk der Deutschen Shell, 1993), 1999 (Fischer, Fuchs-Heinritz & Münchmeier, 2009), 2002 (Hurrelmann & Jugendwerk der Deutschen Shell, 2002), 2006 (Hurrelmann & Albert, 2007), 2010 (Albert, Hurrelmann, & Quenzel, 2011), 2015 (Shell, 2015) und 2019 (Shell, 2019).

Darüber hinaus bieten die EKD-Studien zur Kirchenmitgliedschaft partiell die Möglichkeit, einen Entwicklungsverlauf für Jugendliche nachzuzeichnen. Zur Verfügung stehen hier die Daten von 1972, 1982, 1992, 2002 und 2012. Da diese Daten bis auf die jüngste fünfte EKD-Erhebung (vgl. Bedford-Strohm & Jung, 2015; Pickel, 2014) nicht jugendspezifisch ausgewertet wurden (vgl. Engelhardt, Loewenich & Steinacker, 1997; Hanselmann, Hild & Lohse, 1984; Hild, 1974; Huber, Friedrich & Steinacker, 2006), wird für die Berechnungen in Abbildung 3.14 ausschließlich auf die Rohdaten zurückgegriffen. Darüber hinaus wird auch auf die Daten der VELKD-Studie von 1972 zum Gottesdienstbesuch zurückgegriffen (vgl. Schmidtchen, 1973).

Die Entwicklung der konfessionellen Zugehörigkeit

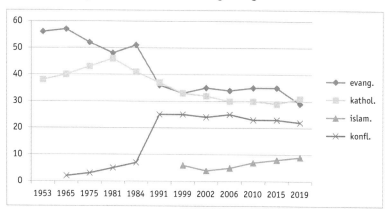

Abb. 3.13: Konfessionelle Zugehörigkeit von 1953 bis 2019 in den Shell-Jugendstudien in Prozent

Abbildung 3.13 stellt die Entwicklung der konfessionellen Zugehörigkeit dar. Die Entwicklung lässt sich in zwei Phasen einteilen. Bis zur Wende im Jahr 1989, der deutsch-deutschen Wiedervereinigung, zeigt sich ein leichtes Anwachsen der Konfessionslosen und ein leichtes Abnehmen der konfessionellen Zugehörigkeit, insbesondere bei der Gruppe der evangelischen Jugendlichen. Von 1984 hin zu 1991 zeigt sich die deutlichste Veränderung aufgrund der Wiedervereinigung: Die Konfessionslosen nehmen mit den Jugendlichen aus den neuen Bundesländern sprunghaft zu und die Gruppe der katholischen und insbesondere evangelischen Jugendlichen fällt deutlich ab. In der Phase ab 1989 zeigt sich sodann eine relative Stabilität der Situation: Die Konfessionslosen nehmen nicht zu und die Gruppe der evangelischen und katholischen Jugendlichen nehmen nur minimal ab. Die muslimischen Jugendlichen nehmen insgesamt stetig in ihrem Anteil zu. 1999 wurden sie erstmal als eigenständige Gruppe in den Shell-Jugendstudien erfasst.

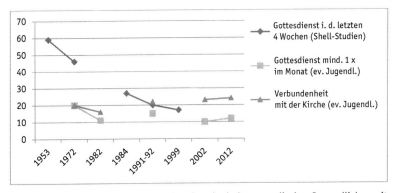

Abb. 3.14: Gottesdienstbesuch und Verbundenheit evangelischer Jugendlicher mit der Kirche im Zeitraum 1953–2012

Abbildung 3.14 stellt verschiedenartige Daten in einer Zusammenschau dar: 1953 mit der ersten Shell-Jugendstudie (15- bis 24-Jährige, N = 1.498), 1972 mit der ersten EKD-Erhebung (14- bis 24-Jährige, N = 333), 1982 mit der zweiten EKD-Erhebung (14- bis 24-Jährige, N = 646), 1984 mit der zehnten Shell-Jugendstudie (15- bis 24-Jährige, N = 1.350), 1991 mit der elften Shell-Jugendstudie (13- bis 24-Jährige, N = 3.152), 1992 mit der dritten EKD-Erhebung (14- bis 24-Jährige, N = 889), 1999 mit der dreizehnten Shell-Jugendstudie (15- bis 24-Jährige, N = 1.509), 2002 mit der vierten EKD-Erhebung (14- bis 24-Jährige, N = 482), 2012 mit der fünften EKD-Erhebung (14- bis 24-Jährige, N = 729).

Bezogen auf die Verbundenheit mit der evangelischen Kirche zeigt sich in Abbildung 3.14 bei evangelischen Jugendlichen eine deutliche Konstanz. Das heißt, die Werte schwanken in der Zeit zwischen 1972 und 2012 zwischen 16 % (1982) und 24 % (2012). Da jedoch evangelische Jugendliche gefragt wurden, ist davon auszugehen, dass die zu wenig verbundenen Jugendlichen aus der Kirche ausgetreten sind, sodass sich bezogen auf die stetig gleiche Gruppe der evangelischen Jugendlichen eine konstante Normalverteilung der Verbundenheit zeigt.

Auch nicht ganz leicht zu interpretieren ist die Entwicklung des Gottesdienstbesuchs: Werden die Jugendlichen konkret gefragt, ob sie in den letzten vier Wochen einen Gottesdienst besucht haben, dann zeigt sich ein deutlicher Abfall des Gottesdienstbesuchs von 59 % (1953) auf 17 % (1999) in den dokumentierten Shell-Jugendstudien. Wird allgemein gefragt, wie regelmäßig der Gottesdienstbesuch ist, dann antworten 20 % (1972), 11 % (1982), 15 % (1992), 10 % (2002) und 12 % (2012), dass sie mindestens einmal im Monat gehen. Das heißt, ab 1982 zeigen sich die Selbsteinschätzungen relativ konstant. Zu bedenken ist hier, dass aufgrund des Konfirmandenunterrichts vielfach eine Gottesdienstpflicht besteht und entsprechend möglicherweise seitens der Kirchenvorstände gegenkorrigiert wurde. Die Daten der Shell-Jugendstudie zeigen zumindest ab den 50er-Jahren eine deutliche Abnahme des Gottesdienstbesuchs. Die Zunahme konfessionsloser und muslimischer Jugendlicher dürfte bei dieser Entwicklung ausschlaggebend sein, insofern beide Gruppen nicht zur Zielgruppe des christlichen Gottesdienstes gehören.

Mit Blick auf eine Mitgliedschaft in einer kirchlichen Jugendgruppe lässt sich ein beachtlicher Zeitraum von gut 60 Jahren überblicken. Dabei zeigt sich in Abbildung 3.15 insgesamt keine fallende bzw. steigende Gesamttendenz. Die Haupteffekte gehen offenbar auf die Art der Messung zurück:

Für 1953, 1965 und 1975 berichtet der Kommentarband (Shell 1975, S. 28) die Mitgliedschaft in einer »konfessionellen Jugendgruppe«. Zumindest in den Jahren 1965 und 1975 gab es eine Liste mit Dachverbänden (»Bund der katholischen Jugend«, »Arbeitsgemeinschaft

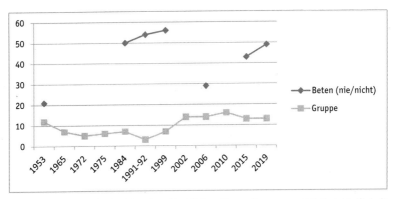

Abb. 3.15: Mitgliedschaft in einer kirchlichen Jugendgruppe und Gebetshäufigkeit (Shell-Jugendstudien)

der evangelischen Jugend«), bei denen die Befragten entscheiden sollten, ob sie Mitglied in einer Gruppe der Organisation sind. Dabei wird die Mitgliedschaft in einer konfessionellen Gruppe potenziell unterschätzt, weil es auch kirchliche Jugendgruppen gibt, die nicht in einer für Jugendliche erfahrenen Beziehung zu einem Dachverband stehen.

In der ersten EKD-Studie von 1972 geben 5 % der Jugendlichen bei freier Nennung zu Mitgliedschaften an: in »Vereinen und Clubs«. Ebenso stimmen 5 % der Jugendlichen in der Studie der VELKD von 1972 bei der Kategorie »Mitglied einer kirchlichen Gruppe, eines kirchlichen Vereins« zu. Auch hier dürfte eine Unterschätzung der Teilnahme resultieren, weil bei freien Nennungen eine Teilnahme vergessen werden kann oder sie im Nachhinein nicht als »kirchlich« kategorisiert wird, wenn der kirchliche Bezug in der Benennung nicht explizit genannt wird. Auch in der Shell-Jugendstudie von 1984 wurde offen nach Mitgliedschaften gefragt (gezählt wurden die Nennungen unter »kath. Jugendgruppen«, »innerhalb Kirche«, »CVJM«, »andere kirchliche« und »Kirchenchor«), wo nicht ausgeschlossen ist, dass auch andere Gruppen wie z.B. eine Volleyballgruppe kirchlich organisiert sein kann, aber nicht als kirchlich gewertet wird. Ebenso gab es in der Shell-Jugendstudie 1991 freie Nennungen zur Art der eigenen Vereinsmitgliedschaft, die im Nachhinein u. a. als »Konfessionelle Jugendgruppe« kategorisiert wurden. Hier wurde »Orchester, Gesangsverein« nicht mitgezählt, weil die Kategorie nicht als »kirchlich« spezifiziert wurde. Vielfach ist auch bei anderen Kategorien nicht klar, ob Jugendliche eine kirchliche Variante meinen, die sie nicht direkt als »Jugendgruppe« gewertet haben. In der Shell-Studie von 1999 wurde schließlich in einer neuen Weise nach Mitgliedschaften gefragt. Es gab die Antwortvorgabe »Kirchliche, konfessionelle Jugendgruppe« mit den Antwortkategorien »Ja/Nein«. Die Gruppe ist hier klar als »Jugendgruppe« gekennzeichnet und 7 % der Befragten bejahen eine Mitgliedschaft.

In den Shell-Studien von 2002, 2006, 2010, 2015 und 2019 gibt es eine deutliche Zunahme der Mitgliedschaftskategorisierungen auf nun über 10 %. Hier änderte sich das Frageformat: »Ich bin aktiv« ... »in der Kirchengemeinde, einer kirchlichen Gruppe« (Ja/Nein). Das Item ist hier weiter gefasst und nicht auf Jugendgruppen begrenzt, sodass seit 2002 eine höhere Zustimmung resultiert, die dann relativ konstant bleibt.

Bei der Frage zum Gebet wurde die Verneinung herangezogen, weil die Zustimmungskategorien von Studie zu Studie stark variieren. Es zeigt sich bezogen auf die 60er-Jahre eine grundlegende Tendenz, wenn man den Befund genauer analysiert: 1953, 1984, 1991, 1999 lautete die Frage: »Möchtest Du mir sagen, ob Du für Dich selbst manchmal oder sogar regelmäßig betest oder willst Du darüber lieber nicht sprechen?« In Abbildung 3.15 wird die Kategorie »Bete nicht« dokumentiert. Bezogen auf die vier Messzeitpunkte nimmt der Anteil der »Nicht-Betenden« stetig zu.

In Jahren 2006, 2015 und 2019 wurde mit einem neuen Frageformat gearbeitet: »Wie oft betest du?« In Abbildung 3.15 wird die Kategorie »Nie« dokumentiert. Auch bezogen auf dieses Frageformat zeigt sich eine stetige Zunahme der herangezogenen Kategorie. Es lässt sich demnach davon ausgehen, dass die Gruppe der Nichtbetenden über die letzten 60 Jahre stetig zugenommen hat. Allerdings ist zu fragen,

warum die beiden Messungen so unterschiedliche Ergebnisse pro-
duzieren.

Es liegt nahe, dass die Semantik der Frage und der Antwortkategorien hier für die unterschiedlichen Zustimmungsprozente verantwortlich ist. Einerseits ist die Antwortkategorie »nie« schärfer als das
frühere »nicht« und andererseits signalisiert die frühere Frage einen
privaten bzw. tabuisierten Charakter des Gebets, sodass die Frage
selbst schon eine Atmosphäre schaffen kann, in der man sich der
Erwartung anpasst, dass Beten nicht chic oder cool ist, sodass die
Verneinungskategorie tendenziell mehr Zustimmung gefunden hat.

Insgesamt sind die Effekte, was die religiöse Praxis der Jugendlichen
anbelangt, relativ eindeutig, aber auch komplex. (1) Die Mitglied-
schaftsstruktur hat sich klar verändert, was auf die Wiedervereinigung und die Zunahme muslimischer Jugendlicher aufgrund von
Migration zurückgeht. (2) Bezogen auf die Gruppe der Jugendlichen
mit einer Kirchenmitgliedschaft lässt sich davon ausgehen, dass ihre
kirchliche Verbundenheit und Gottesdienstteilnahme relativ konstant sind. (3) Mit Blick auf die Gesamtheit der Jugendlichen in
Deutschland lässt sich jedoch konstatieren, dass der Gottesdienstbesuch und die Gebetshäufigkeit in den letzten gut 60 Jahren abgenommen haben.

4 Adoleszente Lebensstile und ihre Sinnkonstruktionen

In Kapitel 2.2.1 wurden die theoretischen Grundlagen des in diesem Buch genutzten Lebensstilmodells vorgestellt und in den Kapiteln 2.2.2 bis 2.2.3 und 3.2 bis 3.3 in einer integrierenden Perspektive bereits angewendet. Kapitel 4 bietet nun eine vertiefende Beschreibung der unterschiedenen Lebensstiltypen. In Teilkapitel 4.1 werden dazu in einem ersten Schritt die vier Lebensstile auf der Basis bisheriger Forschungsergebnisse skizziert. Dabei wird zurückgegriffen auf eine Beschreibung prototypischer Sinnkonstruktionen der unterschiedenen Typen (Humanist*innen, Integrierte, Statussuchende, Autonome), die Feige und Gennerich (2008) vorgelegt haben. Diese Beschreibungen werden dann ergänzt um eine religionstheoretische Erweiterung, bei der mit Streib und Gennerich (2011) unterschiedliche Verhältnisse der Lebensstilgruppen zu religiösen Organisationen angenommen werden. Ergänzende Beschreibungen der Typen wurden darüber hinaus aus Gennerich (2014b) und Gennerich und Streib (2022) aktualisierend übernommen. In Kapitel 4.2 werden dann neue Analysen zum Begriffsfeld »Religion, Glaube und Sinnsuche« vorgelegt.

4.1 Die vier adoleszenten Lebensstile im Überblick

4.1.1 Spirituelle Suche jenseits organisierter Religion (»Humanist*innen«)

Nach Feige und Gennerich (2008, S. 188–189) zeigen die Humanist*innen, die mit ihren Werteprioritäten im Feldbereich oben/links lokalisiert sind (▶ Abb. 2.1), eine ethisch orientierte Lebensphilosophie ohne explizite Bezüge zu einer konventionellen religiösen Semantik. Für sie gilt:

- Sinn wird durch eigene Gestaltungsleistungen geschaffen, wobei ›letzte‹ Lebensfragen als dem Verstand nicht zugänglich offen gehalten werden.
- Die Frage, ob man nach dem Tod Gott begegnet oder ins Nichts fällt, bleibt unentschieden – am ehesten neigt man noch zu der Vorstellung eines Wiedersehens mit den Angehörigen.

Die Lebenserfahrungen dieser Gruppe sind durch eine humanistisch inspirierte Beziehungsethik geprägt:

- Vertrauen und Respekt für die Interessen der Beziehungspartner*innen werden zum gemeinschaftsbildenden Maßstab gemacht.
- Im Fall von Konflikten sind diese Jugendlichen besonders an Klärungen interessiert und verstärkt sensibel gegenüber Erfahrungen, in denen das gesetzte Vertrauen enttäuscht wird.

Die ›theologischen‹ Deutungen der Humanist*innen zeigen sich ungebunden gegenüber institutionalisierter Religion:

- Das ausgeprägte Kompetenzerleben dieser Gruppe und die Einbindung in Partnerschaften machen diese Jugendlichen unabhängig von explizit kirchlich-religiösen oder dualistisch orientierten Sinnstiftungsalternativen.

♦ Gleichzeitig sind sie freilich offen für religiöse Symbole, die ihren Lebensprinzipien entsprechen und müssen sich aufgrund ihrer Souveränität nicht oppositioneller bzw. dementierender Attitüden bedienen.

Streib und Gennerich (2011, S. 82–97) zeigen, dass die »Humanist*innen« eine besondere Nähe zu einer »un-organisierten« Religiosität jenseits etablierter religiöser Institutionen und Gruppen haben, wie sie in den Begriffen der »Mystik und Spiritualität« zum Ausdruck kommt. Anlass dazu gibt der empirische Befund, dass sich Jugendliche im Wertefeldbereich oben/links selbst als »spirituell« bezeichnen (Streib & Gennerich, 2011, S. 42; Gennerich & Streib, 2022, S. 1113) und in diesem Feldbereich eher unpersönliche Gottesbilder bevorzugen (z. b. als »unendliche Kreativität und Vielfalt« oder »unbestimmbares Geheimnis«, Gennerich, 2011, S. 182).

»Spiritualität« als Begriff zur Selbstbeschreibung wird dabei als eine Messung unorganisierter Religion genutzt. Es ist jedoch nur eine mögliche Messung unter anderen und kann von religiös-institutionell ungebundenen Jugendlichen auch als nicht ganz passend für die eigene Person erlebt werden. Ebenso können sich Jugendliche, die in ihrer Freizeit in Kirchen- und Moscheegemeinden partizipieren, durchaus als »spirituell« bezeichnen (▶ Abb. 2.3). Gleichwohl stellt die Selbstbezeichnung als »spirituell« das prägnanteste Indiz für eine unorganisiert gelebte Religiosität dar.

Zur spirituellen Selbstbezeichnung in Deutschland berichten Gennerich und Streib (2022, S. 1120–1121) die aktuellen Befunde: Demnach schätzen sich 21 % der 18- bis 29-Jährigen als »spirituell, aber nicht religiös« ein (ALLBUS-Daten von 2018). Zugleich stellen die Jugendlichen jene Bevölkerungsgruppe dar, in der die Selbstbezeichnung als »spirituell« die größte Akzeptanz findet. Ein Vergleich mit den ALLBUS-Daten von 2008 zeigt darüber hinaus, dass die Selbstbezeichnung als »spirituell« an Akzeptanz gewonnen hat, weil für die Gruppe der 18- bis 25-Jährigen der damalige Wert noch bei 13 % und für die Gruppe der 25- bis 30-Jährigen bei 18 % lag (Streib & Gennerich, 2011, S. 91). In der Jugendstudie von Streib und Gennerich

(2011, S. 92) haben sich sogar nur 11,9 % der 18- bis 25-Jährigen als
»mehr spirituell als religiös« zu erkennen gegeben.
Vertiefende Analysen von Streib und Klein (2018, S. 160–161) zeigen für diese Selbstbezeichnung, dass mit ihr die Bedeutung der
»Erfahrung von existenzieller Wahrheit, Ziel [im Sinne einer moti-
vierenden Orientierung] und Weisheit jenseits rationalen Verste-
hens«, »(All-)Verbundenheit und Harmonie mit dem Universum, der
Natur und dem Ganzen« sowie »Spiritualität als innere Suche nach
einem (höheren) Selbst, nach Sinn, Frieden und Erleuchtung« verbunden sind (Streib & Klein 2018, S. 160–161). Die Analyse des Spi-
ritualitätsbegriffs mit einem semantischen Differenzial zeigte darüber hinaus, dass »Spiritualität« im Vergleich zu »Religion« mit den
Begriffen »fein«, »weich«, »mild« und »jung« im Gegensatz zu
»streng« und »alt« assoziiert wird (Streib, 2014, S. 86). Eine Analyse
mit Ralph Hoods Mystizismus-Skala zeigt ergänzend, dass Spiritualität am stärksten von der Dimension »introvertive mysticism« bestimmt wird, womit Erfahrungen des Verlusts von Raum und Zeit-
gefühl und Erfahrungen, die man nicht so leicht in Worte fassen kann,
beschrieben werden (Streib, 2014, S. 87). Interpretationen der Erfahrungen mit religiösen Begriffen (z. B. »Wunder«, »heilig«) sind
dagegen vor allem für »Religion« charakteristisch, wenngleich auch
Jugendliche, die sich als spirituell bezeichnen, die hier angesprochene
»Interpretation«-Dimension bejahen können.

4.1.2 Traditionelle, organisierte Religion (»Integrierte«)

Die oben/rechts im Wertefeld verorteten »Integrierten« zeigen in der
Studie von Feige und Gennerich (2008, S. 188) die größte Nähe zu
einer kirchlich geprägten »Theologie«:

- ›Gott als Schöpfer‹, ›Kirche/Religionsgemeinschaft‹ und ›Familie‹ vermitteln in einer abgestimmten Einheit Sinn und Trost im Leben.

◆ Nach dem Tod findet diese Einheit ihre Fortsetzung in einem ewigen Leben, das durch die Gottesbegegnung oder ein Wiedersehen mit der Familie geprägt ist.

Die korrespondierenden Lebenserfahrungen dieser Gruppe lassen sich wie folgt beschreiben:

◆ Das soziale Leben (Familie/Gemeinde) ist durch Gewissenhaftigkeit, gegenseitige Hilfe, Rückhalt und Einsatz geprägt.
◆ Die emotionale Erfahrung ist damit durch Geborgenheit und Zuversicht bestimmt.

Die ›Theologie‹ dieser Gruppe ist im Vergleich zu den anderen Segmenten am ehesten theistisch, wobei Gott als zuwendend und Geborgenheit vermittelnd erfahren wird. Die Theologie spiegelt damit die sozialen Erfahrungen dieser Gruppe, insofern die auf hohe Selbstkontrolle fußende Ethik dieser Gruppe Gewähr für eine Rückhalt gebende Gemeinschaft bietet.

Nach Streib und Gennerich (2011) bewegen sich die »Integrierten« im Rahmen traditioneller, etablierter Organisationen, wie sie in Deutschland durch die evangelische und katholische Kirche sowie viele Moscheevereine repräsentiert werden. Diese Religiosität wird üblicherweise mit Items wie Kirchgang, Gebetshäufigkeit oder einer Bejahung der Existenz Gottes gemessen (vgl. Streib & Gennerich, 2011, S. 57–68).

Der beschriebene positiv geprägte Lebenssinn der Integrierten wird insbesondere durch Korrelationsstudien belegt, die einen positiven Zusammenhang von Sinnerfahrung und Einbindung in religiöse Organisationen bestätigen: So stehen nihilistische Einstellungen wie »nach dem Tod ist nichts« in Opposition zum Aktivitätsgrad in einer Kirche oder Glaubensgemeinschaft (Feige & Gennerich 2008, S. 125 u. 177). Vertrauen in die Kirche als Institution und Engagement in Kirchengemeinden gehen mit Deutungen des Lebens als sinnvoll und eingebettet in eine lebensfreundliche Ordnung einher (Gennerich 2010a, S. 147, 238, 248, 364). Insbesondere steht die Selbstbewertung als »religiös« bindungstheoretisch in einem positiven Zusammenhang mit der Zuwendung und Zuverlässigkeit von Bezugspersonen (Gennerich 2010a, S. 187–188; Kirkpatrick 2005). Die Zustimmung gegenüber explizit religiösen Glaubensaussagen kann daher als Expression einer Welterfahrung verstanden werden, die von sinnvollen und wohlwollenden Strukturen geprägt ist.

Schließlich können Beteiligungsmöglichkeiten in Organisationen eine gesunde Persönlichkeitsentwicklung fördern. Kirche ist rein quantitativ neben Sportverbänden für Jugendliche die wichtigste Organisation, in der sich Jugendliche engagieren können (Düx et al. 2008, S. 61). Im Gegensatz zur Schule gehört die Kirche zu jenen informellen Lernkontexten, die geprägt sind durch Freiwilligkeit, Lernen in sozialen Bezügen (Helfen, Kooperation im Team), Verantwortungsübernahme und Erleben von Wertschätzung, Gestaltungsfreiräume, Lernen durch praktisches Handeln sowie Tradierung organisationsspezifischer und lebensweltlicher Kompetenzen als belohnendes soziales Kapital (Düx & Sass, 2005, S. 399–405). Damit sei unabhängig von persönlichen Beziehungen, die sich z.B. in Kirchengemeinden ergeben, eine Struktur gegeben, die in einem hohen Ausmaß mit Kompetenzerwerb, Persönlichkeitsentwicklung, Sinnstiftung und Teilhabe an der Welt der Erwachsenen verknüpft ist (Düx & Sass, 2005, S. 405–408). Vertiefend zeigen Düx et al. (2008, S. 54–60 u. 113), dass freiwilliges Engagement Feedback generiert, das den engagierten Jugendlichen vermittelt, leistungsunabhängig liebenswert zu sein, und das sie selbst als Kompetenzsteigerung deuten können. So steigt ihr Selbstvertrauen und sie können Sinnperspektiven konstruieren, die unabhängig sind von ihrem kurzfristigen Ergehen im Karrierebereich Schule und Arbeit. Düx et al. (2008, S. 213) können darüber hinaus zeigen, dass ehemals Engagierte eine höhere Verbundenheit mit der Kirche haben.

Der in Kapitel 3.4 dokumentierte Rückgang religiöser Partizipation kann vor dem Hintergrund dieser Zusammenhänge kaum linear fortgeschrieben werden. Vielmehr bildet sich eine relativ stabile Lebensstilgruppe heraus, die durch Partizipation in religiösen Organisationen geprägt ist. Als Beleg dafür lässt sich der Befund von Ilg, Schweitzer und Elsenbast (2009, S. 39) aufführen, die zeigen, dass im

Zeitraum von 1991 bis 2007 der Anteil aller 14-Jährigen, die sich konfirmieren lassen, konstant bei 30 % liegt. Veränderungen sind hier aufgrund der familiär-biographischen Einbettung der Konfirmation weniger durch Orientierungsveränderungen zu erwarten als vielmehr aufgrund demographischer Veränderungen: So lag die Konfirmationsquote in den Jahren 2017 bis 2019 bei 82 %, 81 % und 83 % bezogen auf die 13- bis 14-jährige Kirchenmitglieder, wobei die absolute Zahl jedoch deutlich rückläufig ist: 257.882 Konfirmierte 1997, 174.116 Konfirmierte 2017 und 157.368 Konfirmierte 2019 (vgl. EKD, 2023; die schon verfügbare Statistik für 2020 ist aufgrund der Corona-Pandemie schwer zu bewerten).

4.1.3 Religion mit starker Abgrenzung nach außen und hoher sozialer Kontrolle (»Statussuchende«)

Die »Statussuchenden«, die mit ihren Werteprioritäten im Feldbereich unten/rechts verortet sind, zeigen in der prototypischen Beschreibung von Feige und Gennerich (2008, S. 187) eine besondere Nähe zu einer ordnungsgebenden Lebensphilosophie:

- Eher passiv ist das Selbst fremden Mächten unterworfen (gesellschaftlichen, geheimnisvollen Mächten oder der Macht Gottes/Allahs).
- Sinn findet sich ›irgendwie‹ vor oder ergibt sich durch die gläubige Entscheidung für Gott, der Garant für eine klare Gut-Böse-Unterscheidung ist.
- Statusvermittelnde Konsumgüter und normative Statusmodelle (ein ›richtiger‹ Mann sein/kein Homosexueller) geben – neben dualistischen Moralkonzepten (Himmel/Hölle) – Orientierung.

Dieser Philosophie entsprechen wiederum Erfahrungen, die die Statussuchenden in ihrem Lebenskontext machen:

- Sie zeigen Erfahrungen mit autoritären Beziehungsstrukturen, die auf Gefühle und das menschliche Innenleben eher wenig Rücksicht nehmen

(Überlegenheit, Überwachung, Ablehnung von Weichheit/Homosexualität, Notlügen).

◆ Entsprechend haben sie auch wenig Gelegenheit gehabt, um in ähnlicher Weise Kommunikationskompetenzen zur Gestaltung vertrauensvoller Beziehungen zu entwickeln wie die Humanist*innen.

◆ Möglichkeiten für eigenständige Zielsetzungen werden weniger erfahren und persönliche Handlungskompetenzen weniger gefördert.

Die status- und sicherheitsvermittelnde Lebensphilosophie bzw. ›Theologie‹ steht damit in einem Passungsverhältnis zu den mutmaßlichen Sozialisationserfahrungen der Statussuchenden:

◆ Sie puffert den Mangel an Möglichkeiten und Kompetenzen der lebenspraktischen Umsetzung persönlicher Autonomie ab und ersetzt die Komplexität interpersonaler Aushandlungsprozesse tendenziell durch normative Vorgaben.

◆ Die eher passive Haltung in der Sinnkonstitution beschränkt den reflexiven Umgang mit Lebensdeutungen und schützt damit zugleich vor einer von ihnen nur schwer bewältigbaren Überkomplexität.

Im Anschluss an den soziologischen Typus der »Sekte« haben Streib und Gennerich (2011, S. 69) dieses Orientierungsmuster in ein Affinitätsverhältnis mit Organisationen gebracht, die sich durch eine starke »Abgrenzung nach außen« und »innere Kontrolle« auszeichnen. Eine solche Abgrenzung nach außen kann sich in der Abwertung anderer religiöser Gemeinschaften zeigen, die z. B. durch dualistische Sinnkonstruktionen erzeugt wird (vgl. auch Gennerich, 2018a). Innere Kontrolle andererseits kann durch Vorstellungen gestützt werden, die klare, strikte Regeln in Kombination mit erfahrbaren Sanktionen benennen und Reflexionsherausforderungen begrenzen.

Mit Blick auf christliche Gruppen wurden in der Forschung vor allem evangelikale Aussiedlergemeinden thematisiert (vgl. Streib & Gennerich, 2011, S. 77). Bezogen auf den Islam ist der Salafismus besonders im Fokus (vgl. Gennerich & Streib, 2022, S. 1116).

Studien über Aussiedlergemeinden dokumentieren, wie religiöse Gemeinschaften durch autoritäre Strukturen geprägt sein können und die Sozialisation Jugendlicher beeinflussen (vgl. Streib & Gennerich, 2011, S. 77): So berichten Schäfer (2008a, b; 2010) und Vogelgesang (2006) über evangelikale Aussiedlergemeinden. In diesen wird der Gehorsam Jugendlicher gegenüber den Entscheidungen älterer Mitglieder in den Leitungsgremien der Gemeinde erwartet (Schäfer 2008b). Der »Ältestenrat« kann Kleiderordnungen verpflichtend festlegen, bis hin zu Vorschriften des Frisierens (Bartverbot für Männer, Zopfpflicht für Frauen). Der Umgang mit Nichtchrist*innen kann verboten werden, ebenso wie »weltliche Vergnügungen« (Vogelgesang 2006). Diese rigide Normenstruktur erstreckt sich insbesondere auf den Bereich Gender und Sexualität: Nur Männer können in die Leitungsgremien gewählt werden, die Aufgaben und Pflichten von Frauen werden auf den Bereich des Häuslichen begrenzt; Jungfräulichkeit bis zur Eheschließung ist Pflicht und voreheliche Sexualität verboten. Durch Integration der Jugendlichen in Gemeindeaktivitäten (Jugendgruppen, Musikgruppen etc.) werde der Kontakt mit konkurrierenden Wirklichkeitsauffassungen gezielt reduziert (Schäfer 2008a, b). Freilich bleibe die Lebenswelt nichtgemeindlicher Menschen den Jugendlichen nicht verborgen, sodass Jugendliche stark ambivalente bis antagonistische Erfahrungen machen und kaum Kompetenzen zum Umgang mit der modernen Optionsvielfalt erwerben (Vogelgesang 2006). Da Sinnerfahrungen per se eine Stabilität der Sinnkonstruktion voraussetzen (Baumeister 1989), wird Sinn untergraben, wenn solche Jugendliche mit antagonistischen Sinnentwürfen konfrontiert werden, ohne die Widerspruchssituation durch ihr Handeln und Wählen beeinflussen und gestalten zu können. Die autoritäre Struktur von solchen Gemeinden in Kombination mit ihren gesellschaftsfremden Lebensentwürfen verhindert Individualität und unterminiert Sinn. Freilich: Auch in autoritär strukturierten Gemeinden erkämpfen Jugendliche Freiräume. Sie können den Kleidervorschriften die Legitimation entziehen und Individualität als Gottesgabe deuten, sodass Normen in den Gemeinden neu ausgehandelt werden. Erfahrungen der Ohnmacht und Unterdrückung können so nach Schäfer (2008a; 2010; 2018) überwunden werden.

Eine Gemeinschaft mit starker Abgrenzung nach außen, d. h. einer Abwertung »Ungläubiger« bzw. nichtislamischer Lebensweisen (von Wensierski & Lübcke, 2013, S. 67), und hoher interner Kontrolle (Bozay, 2019, S. 139; Kaddor, 2019, 98–99) stellen auch Gruppen der salafistischen Szene dar (vgl. Gennerich & Streib, 2022, S. 1116). Diese sprechen vor allem Jugendliche an (El-Mafaalani, 2014). Über standardisierte Fragebogenstudien erreicht man diese Gruppe Jugendlicher jedoch kaum, da sie unter den Muslim*innen nur eine kleine Minderheit darstellen (Hummel et al., 2016, S. 13). Entsprechend sind Forschungsbefunde vor allem qualitativer Natur (vgl. Akkuş et al., 2020; Hummel et al., 2016).

Zunächst erscheint der Salafismus alles andere als attraktiv für Jugendliche, da er keine weltimmanente Zukunftsvision bietet und sein strenges Regelwerk die Suche nach Spaß ausschließt (El-Mafaalani, 2014, S. 355; Nordbruch et al., 2014). Auf der anderen Seite können jedoch Jugendliche mit der gegenüber den Eltern radikaleren religiösen Praxis ihre Autonomie demonstrieren (Dantschke, 2019, S. 69), sich in der Praxis des Verzichts auf Konsum, Sexualität und Feiern als selbstwirksam erfahren und angesichts brüchiger Sozialbeziehungen im salafistischen Kollektiv eine familienähnliche Solidarität praktizieren (El-Mafaalani, 2014, S. 357–358). Schließlich reduzieren die selektiven Geschichtsbilder und klaren Feindbilder dieser Gruppen überfordernde Komplexität (S. 356). Die Komplexitätsreduktion geschieht dabei auch auf einer ganz alltäglichen Ebene, wenn die Gehorsamsforderung Fragen ausschließt und klare Rollenbilder (die Frau als gottergebene Mutter und Begleiterin des Mannes) moderne Rollenkonflikte zwischen Familie und Beruf auflösen (Akkuş et al., 2020, S. 146; Nordbruch et al., 2014, S. 368). Ein weiterer Punkt ist, dass die Geschichtskonstruktion des Salafismus nicht nur Komplexität reduziert, sondern auch persönlichen Diskriminationserfahrungen Ausdruck und Struktur verleihen kann, wenn diese als Teil eines weltweiten Kampfes zwischen Recht und Unrecht erklärt werden, bei dem sich der Islam in einer Opferrolle befindet, die zum Widerstand und Kampf verpflichtet (S. 368). Zu den negativen Erfahrungen muslimischer Jugendlicher gehören dabei »Gefühle der sozialen Isolierung, Entfremdung, Demütigung sowie anhaltende Minderwertigkeitskomplexe aufgrund von Diskriminierung«, insbesondere auf dem Arbeitsmarkt (Fahim, 2013, S. 44). Vor diesem Hintergrund erscheint die persönliche Entscheidung für eine »Mitgliedschaft« als durchaus rational und entspricht der »Suche nach Status« (vgl. Gennerich & Streib, 2022, S. 1116).

4.1.4 Säkulare Selbst-Attribution in Abgrenzung zur Religion (»Autonome«)

Die »Autonomen«, die mit ihren Werteprioritäten im Feldbereich unten/links verortet sind, haben nach Feige und Gennerich (2008, S. 186–187) von allen Jugendlichen die größte Nähe zur folgenden tendenziell nihilistischen Lebensphilosophie. Sie grenzen sich gegenüber religiösen Traditionen ab und beschreiben das eigene Selbst mit säkularen Kategorien:

- das eigene Selbst bestimmt den Lebenslauf;
- Sinn findet sich nur in der Freizeit oder findet sich gar nicht;
- nach dem Tod ist Nichts;
- die Welt ist gesteuert durch Zufallsprozesse und überhaupt ist das Selbstverständnis ›nicht-gläubig‹.

Diese Philosophie entspricht der im Laufe der Untersuchung gewonnenen Charakterisierung der Lebens- bzw. Welterfahrungen der Autonomen. Sie haben Zuverlässigkeit und Zuwendung weniger erfahren als andere. Entsprechend zeigen die Daten bei Feige und Gennerich (2008):

- eine tendenzielle Entfremdung gegenüber der Familie und gesellschaftlichen Institutionen,
- Protest gegen harmonieorientierte Gemeinschaftsbilder,
- eine aktive Suche nach Anregung und Erfüllung in der eigenen Gegenwart, die in der Wahrnehmung dieser Gruppe keine Zukunftsperspektiven bereitstellte.

In diesem Kontext scheinen die von ihnen bevorzugten ›theologischen‹ Deutungen das folgende zu leisten:

♦ Sie muten nicht zu, langfristig zu denken und sich mit möglicherweise schmerzlichen Perspektiven zu konfrontieren.

♦ Sie legen die Verantwortung in die Hände der Jugendlichen und machen dies zugleich tragbar durch die Ausklammerung zukünftiger Anforderungen.

♦ Sie legitimieren Normüberschreitungen und eine intensive Erfüllung der Jetztzeit, ohne eine ultimative Aufdeckung des gelebten Lebens oder Einforderung von Rechenschaft ins Kalkül ziehen zu müssen.

Auf der organisationalen Ebene entspricht diese Orientierung der Autonomen in besonderer Weise der Konfessionslosigkeit. Ihre Erforschung ist ein bisher eher randständiges Forschungsfeld, das erst in jüngster Zeit verstärkt Aufmerksamkeit erfahren hat (vgl. Pickel, 2013; Smith & Cragun, 2019, S. 320). Eigenständige Studien zur Konfessionslosigkeit im Jugendalter liegen bisher kaum vor (vgl. Gennerich, 2014b; Pickel, 2014). Für den hier gegebenen Überblick greife ich daher gekürzt und aktualisiert auf die von mir vorgelegte Analyse der Einstellungen konfessionsloser Jugendlicher zurück (vgl. Gennerich, 2014b).

In der Shell-Jugendstudie 2019 bezeichneten sich 22 % der Befragten als religions- bzw. konfessionslos (Wolfert & Quenzel, 2019, S. 151). Unter dem Strich ist dieser Anteil von 22 % relativ stabil – 2002 lag er beispielsweise bei 24 %. Der zurückgehende Anteil evangelischer und katholischer Jugendlicher wird mit Blick auf den Anteil konfessionsloser Jugendlicher möglicherweise durch die Zuwanderung muslimischer Jugendlicher ausgeglichen (ihr Anteil hat sich von 4 % im Jahr 2002 auf 9 % im Jahr 2019 erhöht). Ebenso ist ein signifikanter Ost-West-Unterschied zu beachten: Von 2002 bis 2019 stieg der Anteil der Jugendlichen ohne Religionszugehörigkeit in Westdeutschland von 8 % auf 14 %, wohingegen er in Ostdeutschland von 75 % auf 67 % sank. Der Trend ist hier also gegenläufig, sodass auch die unterschiedliche Entwicklung in Ost- und Westdeutschland zur Stabilität des Anteils konfessionsloser Jugendlicher beiträgt. Der Unterschied in Ost- und Westdeutschland ist in Hinblick auf die Sinnkonstruktionen der Jugendlichen dabei höchst relevant, denn der hohe Prozentsatz Konfessionsloser in Ostdeutschland bedingt, dass Konfessionslosigkeit als »normal« empfunden wird (Wohlrab-Sahr, 2002, S. 11). Um dazuzugehören, erfahren nicht-religiöse Aspekte der Persönlichkeit eher eine Stabilisierung und religiöse Sinnkonstruktionen werden weniger wahrscheinlich (Gennerich, 2010b).

Mit Daten der Berufsschülerstudie von Feige und Gennerich analysiert Gennerich (2014b) Unterschiede zwischen konfessionslosen und evangelischen Jugendlichen in Ost- und Westdeutschland (vgl. Feige & Gennerich, 2008). Der Vergleich der vier Subgruppen zeigt, dass sich die konfessionslosen Jugendlichen in Ost- und Westdeutschland kaum unterscheiden. Dem Muster der Autonomen entsprechend zeigen jedoch die Konfessionslosen beim Thema der Welterklärung eine besonders starke Zustimmung zu den Erklärungskategorien des Urknalls und der Zufallsprozesse und die evangelischen Jugendlichen befürworten deutlich stärker als die Konfessionslosen die religiöse Kategorie der »Schöpfung Gottes« (Feige & Gennerich, 2008, S. 103). Ähnlich zeigt sich bezogen auf die Frage nach einer Existenz nach dem Tod, dass konfessionslose Jugendliche stärker eine Begegnung mit Gott, die Vorstellungen von Himmel und Hölle und eines Lebens im Paradies ablehnen sowie eine Nicht-Existenz stärker bejahen als ihre evangelischen Peers. Die Daten dokumentieren auch eine tendenzielle Polarisierung zwischen konfessionslosen und evangelischen Jugendlichen in Ostdeutschland. Diesen Sachverhalt erklärt Gennerich (2014b) auf der Basis der eingangs benannten Normalitäts-Erwartung: Evangelische Jugendliche müssen ihre Andersartigkeit eher rechtfertigen und greifen dafür auf religiöse Vorstellungen zurück. Die ostdeutschen Konfessionslosen stehen ihrerseits unter demselben Erwartungsdruck, sodass sie mit einer geringeren Wahrscheinlichkeit religiösen Vorstellungen etwas abgewinnen (dürfen).

Vor diesem Hintergrund stellt sich die Frage, ob es vielleicht für Konfessionslose alternative Zugänge zu einer religiösen Semantik gibt. Eine Befragung von Schüler*innen der 11. Klassenstufe von Ziebertz und Benzing (2012) führt hier weiter. Sie nutzen die Antwortkategorie »nicht-religiös« in einer Liste unterschiedlicher Religions- und Konfessionsgruppen (S. 33), sodass ein zur Konfessionslosigkeit vergleichbarer Tatbestand erfasst wird. Erwartungsgemäß zeigt sich eine Distanz der Nicht-Religiösen zu religiösen Themen: Eine »starke« oder »sehr starke« »Gotteserfahrung« haben 2 % der Nicht-Religiösen (N = 271), jedoch 30 % der Christ*innen (N = 343) und 71 % der Muslim*innen (N = 352) (S. 258). Analog stellen sich die Befunde zur Zustimmung zu einem personalen Gottesbild dar: 3 % der Nicht-Religiösen, 61 % der Christ*innen und 89 % der Muslim*innen stimmen hier »stark« und »sehr stark« zu (S. 282). Wechselt jedoch die Semantik, dann zeigen sich andere Tendenzen: 27 % der Nicht-Religiösen bezeichnen ihre »spirituellen Erfahrungen« als »stark«, gegenüber 34 % der Muslim*innen und 31 % der Christ*innen (S. 258). Wenn nach non-personalen Gottesbildern gefragt wird, stimmen 16 % der Nicht-Religiösen gegenüber 23 % der Muslim*innen und 38 % der Christ*innen »stark« bis »sehr stark« zu (S. 282). Unter einer offeneren Semantik zeigt damit bis zu einem Drittel der Konfessionslosen eine Anschlussstelle für die Möglichkeit einer religiösen Selbstdeutung.

Diese Überlegungen lassen sich auch anhand der Daten des Religionsmonitors 2017 der Bertelsmann-Stiftung bestätigen[3]. Tabelle 4.1 zeigt, wie religiös und spirituell sich die befragten Jugendlichen einschätzen. Muslim*innen betrachten sich als besonders religiös, wohingegen die konfessionslosen Jugendlichen sich als dezidiert unreligiös einstufen. Die christlichen Jugendlichen liegen demgegenüber im mittleren Bereich. Analog stellen sich die Befunde zur Spiritualität dar, nur dass hier die Werte bei den christlichen und

---

3 Die Bertelsmann-Stiftung hat dankenswerterweise die aktuellen Daten für die eigenen Berechnungen bezogen auf die Teilstichprobe deutschsprachiger Jugendlicher zur Verfügung gestellt.

muslimischen Jugendlichen niedriger als beim Begriff »religiös« liegen, wohingegen die konfessionslosen Jugendlichen die Eigenschaft »spirituell« eher (auf niedrigem Niveau) bejahen können. Der Befund bestätigt damit: Konfessionslose Jugendliche erweisen sich als sprachsensibel gegenüber einer konventionell-belasteten religiösen Begrifflichkeit.

Tab. 4.1: 16- bis 25-jährige deutschsprachige Jugendliche (Deutschland, Österreich, Schweiz) im Religionsmonitor 2017 (Mittelwerte verschiedener Variablen, eigene Berechnungen)

	Christen (N = 338– 345)	Muslime (N = 733– 802)	Konfessi- onslose (N = 113– 120)
Als wie religiös würden Sie sich selbst bezeichnen?*	2,66	3,32	1,38
Als wie spirituell würden Sie sich selbst bezeichnen?*	2,41	2,84	2,04
Ich würde mich selbst als einen Atheisten bezeichnen.**	1,75	1,38	3,28
Für mich hat jede Religion einen wahren Kern.**	3,14	3,23	2,74
Wie zufrieden sind Sie zur Zeit mit Ihrem Leben?***	7,85	7,93	7,78

* Die Mittelwerte beziehen sich auf eine 5-Punkte Skala (»überhaupt nicht« = 1 bis »sehr« = 5)
** Die Mittelwerte beziehen sich auf eine 4-Punkte Skala (»stimme gar nicht zu« = 1 bis »stimme voll zu« = 4)
*** Die Mittelwerte beziehen sich auf eine 10-Punkte Skala (»völlig unzufrieden« = 1 bis »völlig zufrieden« = 10)

Christ*innen und Muslim*innen betrachten sich sodann weitgehend nicht als »Atheist*innen«, wohingegen die Konfessionslosen hier mit M = 3,28 eher zustimmen. Jedoch scheint ein beachtlicher Teil der

Konfessionslosen zeitgleich der These zuzustimmen, »dass jede Religion einen wahren Kern hat« (etwa die Hälfte der Befragten stimmt zu, die andere Hälfte lehnt ab). Das heißt, konfessionslose Jugendliche könnten sich möglicherweise eine Reflexion offener religiöser Semantiken vorstellen, wenn der Wahrheitsanspruch – wie im Kontext interreligiöser Vergleiche – nicht als absolut wahrgenommen wird.

Schließlich belegt Tabelle 4.1, dass konfessionslose Jugendliche ihre allgemeine Lebenszufriedenheit nicht wesentlich anders einschätzen als christliche oder muslimische Jugendliche. Die Konfessionslosigkeit wird also in der Selbstsicht entsprechend nicht als ein Mangel erlebt.

4.2 Lebensstile und ihre Zugänge zu Religion, Glaube und Sinnsuche im Spiegel repräsentativer Studien

In diesem Kapitel analysieren wir mit Blick auf das Begriffsfeld »Religion, Glaube und Sinnsuche« verschiedene Datensätze mit der Wertefeldmethodik. Das ermöglicht, die bereits in Kapitel 4.1 dargestellten Sinnstiftungsstrukturen in den verschiedenen Lebensstilgruppen weitergehend zu differenzieren.

In der fünften Kirchenmitgliedschaftsstudie der EKD von 2012 (KMU 5) wurde gezielt eine größere Gruppe von 14- bis 25-Jährigen erfasst (N = 784; 503 evangelische, 281 konfessionslose Jugendliche). Die erfassten Werte ermöglichen eine akzeptable Rekonstruktion des Wertefeldes, sodass eine Reihe weiterer Items bezogen auf die Sinnkategorien, die bereits in Kapitel 3 deskriptiv beschrieben wurden (▶ Kap. 3.1), wertefeldanalytisch betrachtet werden kann.

Abbildung 4.1 stellt das Wertefeld der KMU 5 für Jugendliche dar. Es wurden nur sechs Werte erfasst; »ein hohes Ansehen in der Gesellschaft haben« wurde hier nicht berücksichtigt, weil es mit ge-

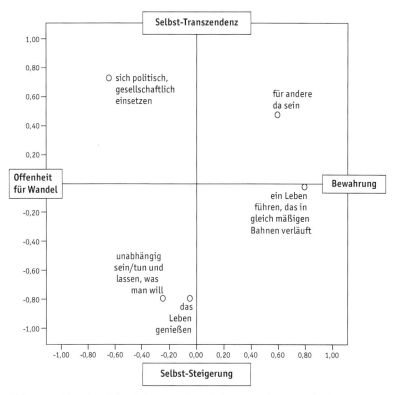

Abb. 4.1: Plot der Faktorladungen einer Faktorenanalyse von fünf ipsatierten Werteitems der KMU 5 für die 14- bis 25-Jährigen

sellschaftlichem Engagement korreliert, d. h. quasi die Folge davon ist und damit etwas anderes bedeutet als die Machtwerte bei Schwartz. Für den Plot wurden die Achsen um 12,5 Grad nach links rotiert, sodass die Werte theoriekonform lokalisiert sind.

Abbildung 4.2 zeigt, dass Religion bei diversen Fragen vor allem bei Jugendlichen mit Selbst-Transzendenzwerten eine Rolle spielt. Die Relevanz von Religion positioniert sich hier mittig. Das ist äquivalent zu Befunden mit der offenen Religionsoperationalisierung (vgl. Gennerich, 2018a). Insgesamt liegen dabei die Punkte so dicht beieinander, dass sich die Inhaltsbereiche kaum differenzieren lassen.

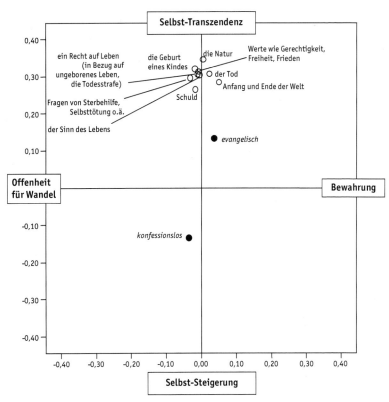

Abb. 4.2: Themen, bei denen für einen selbst Religion eine Rolle spielt (Korrelationen; KMU 5; 14- bis 25-Jährige; N = 784)

Der entscheidende Befund ist hier daher, dass unabhängig von den Themen jene Menschen, die Selbst-Transzendenzwerte vertreten, eher bereit sind, Fragen des Lebens mit Rückgriff auf einen ultimativen Horizont zu bearbeiten. Möglicherweise ist dabei gar nicht die Frage, ob dieser ultimative Horizont religiös bearbeitet wird oder nicht, sondern dass Jugendliche im oberen Feldbereich überhaupt eher in weiter gesteckten bzw. ultimativen Horizonten denken (vgl. Gennerich, 2010a, S. 279 u. 286). Diesem Befund entspricht auch die

Tendenz, dass evangelische Jugendliche eher im oberen Feldbereich verortet sind und konfessionslose eher im unteren Feldbereich.

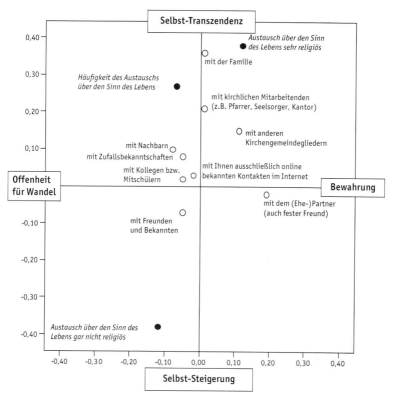

Abb. 4.3: Mit wem über den Sinn des Lebens gesprochen wird (u. Häufigkeit und Religiosität des Austauschs) (Korrelationen der Items mit den Dimensionen des Wertefeldes; KMU 5; 14- bis 25-Jährige; N = 257)

Abbildung 4.3 zeigt die Personen, mit denen sich die Jugendlichen über den Sinn des Lebens austauschen. Oben/rechts findet der Austausch mit kirchlichen Personen und Familie statt; unten/rechts mit Partner*in bzw. Freund*in; oben/links mit Mitschüler*innen; unten/links mit Freund*innen. Daneben werden im Wertefeld auch die Zusammenhänge mit der Häufigkeit des Austauschs über den Sinn

143

des Lebens und dem Grad, wie religiös dieser ist, dargestellt. Im Feldbereich oben/rechts ist dieser Austausch eher religiös und im Feldbereich unten/links eher nicht religiös. Zudem findet im Bereich des Pols der Selbst-Transzendenz ein Austausch über den Sinn des Lebens häufiger statt als im Bereich des Pols der Selbst-Steigerungswerte.

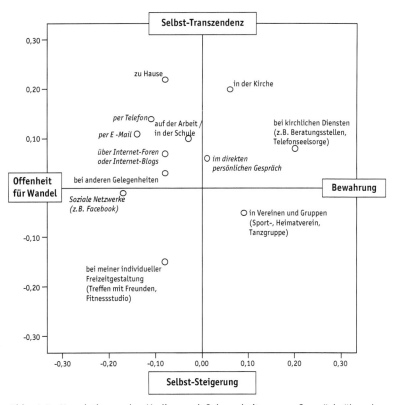

Abb. 4.4: Korrelationen der Medien und Gelegenheiten zum Gespräch über den Sinn des Lebens mit den beiden Wertedimensionen (KMU 5; 14- bis 25-Jährige; N = 257)

Abbildung 4.4 zeigt, bei welchen Gelegenheiten sich ein Austausch über den Sinn des Lebens ergibt. Die Gelegenheiten entsprechen den Personengruppen, mit denen man Umgang hat: Unten/links werden Sinnfragen im Kontext der individuellen Freizeitgestaltung besprochen, unten/rechts im Vereinskontext, oben/rechts im Rahmen kirchlicher Veranstaltungen und oben/links zuhause und auf der Arbeit bzw. in der Schule. Sodann wird dargestellt, auf welche Weise der Austausch über den Sinn des Lebens häufig stattfindet. Soziale Netzwerke und Blogs nutzen Jugendliche mit Wertpräferenzen für Offenheit für Wandel. Besonders mittig lokalisiert sich das direkte persönliche Gespräch, das von allen Jugendlichen genutzt wird (► Tab. 3.8).

Die Daten der ALLBUS 2012 bieten für die 18- bis 25-Jährigen (N = 425) ebenfalls die Möglichkeit, allgemein die Sinnkonstruktion der Jugendlichen zu differenzieren. Dazu sei zunächst das zugrundeliegende Wertefeld mit den zugehörigen Wertedimensionen vorgestellt. Mit diesen können dann wieder die Sinndeutungspräferenzen der Jugendlichen in Beziehung gesetzt werden, sodass die zitierten Befunde von Feige und Gennerich (2008) ergänzt und differenziert werden können.

Abbildung 4.5 zeigt die Wertestruktur nach einer Faktorenanalyse (Varimax-Rotation) für die Jugendlichen und jungen Erwachsenen in der ALLBUS 2012. Sie erweist sich als hochgradig ähnlich zur Wertestruktur in den Daten der ALLBUS-Stichprobe von 2002 (Gennerich, 2010a, S. 427). Die Struktur kann als Reproduktion der theoretischen Struktur des Schwartzschen Modells gelten.

Abbildung 4.6 zeigt, dass die Jugendlichen oben/rechts eher als andere Jugendliche an Gott glauben und auch ihren Lebenssinn mit Bezug auf ihren Gottesglauben begründen. Die Jugendlichen oben/links, die sich als »spirituell« begreifen können, betonen den fortlaufenden Prozess der Sinnkonstruktion (»Nachdenken«). Gott symbolisiert diesen Prozess, indem er als das »Wertvolle im Menschen« oder als lebendig »im Herzen der Menschen« interpretiert wird. Jugendliche unten/links betonen entweder, dass sie das Leben nicht als

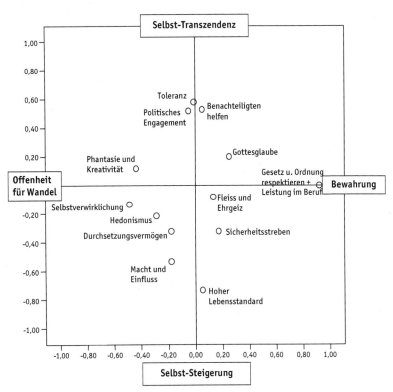

Abb. 4.5: Wertefeld (Plot der Faktorladungen) für die 18- bis 25-Jährigen für ALLBUS 2012 (N = 420)

sinnvoll erfahren, oder aber, dass man dem Leben selbst Sinn geben müsse. Der Mensch wird hier als eher bezugslos autonom gedacht. Spezifische Items, die im Feldbereich unten/rechts Anklang finden, enthält die ALLBUS-Studie 2012 nicht. Es lässt sich jedoch schlussfolgern, dass Jugendliche unten/rechts eher wenig über den Sinn des Lebens nachdenken (Spiegelung des Nachdenken-Items am Nullpunkt des Koordinatensystems). Das zeigt sich auch in Abbildung 4.3, wonach sich die Jugendlichen oben/links besonders häufig über den Sinn des Lebens austauschen und die Jugendlichen unten/rechts besonders wenig (► Abb. 4.3). Diesem Muster entspricht auch der

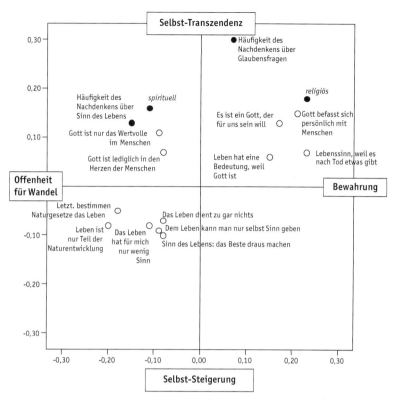

Abb. 4.6: Korrelation von Variablen zur Sinnkonstruktion sowie zur Selbsteinschätzung »religiös/spirituell« mit den beiden Wertedimensionen bei 18- bis 25-Jährigen (ALLBUS 2012; N = 379–418)

Befund, dass Jugendliche unten/rechts am stärksten Anomie-Erfahrungen beklagen (Gennerich, 2010a, S. 92). D.h., diese Jugendlichen drücken aus, dass sie nicht wissen, was los ist, woran sie sich halten sollen bzw. wo sie eigentlich stehen. All dies sind Fragen, die Sinnreflexionen auslösen, jedoch offenbar von den Jugendlichen unten/ rechts aufgrund ihrer eher geringen Bildungsaffinität nicht konstruktiv angegangen werden können (vgl. Gennerich, 2010a, S. 56–57).

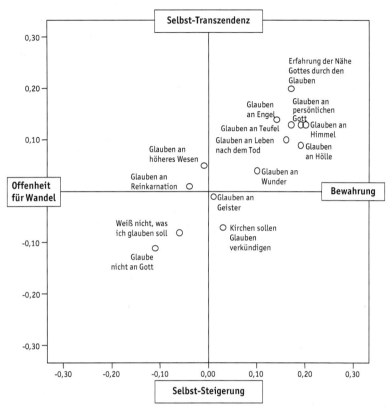

Abb. 4.7: Korrelation von Variablen zum Begriff »Glauben« mit den beiden Wertedimensionen bei 18- bis 25-Jährigen (ALLBUS 2012; N = 388–420)

Abbildung 4.7 stellt die Variablen zum Begriff »Glauben« in ALLBUS 2012 für Jugendliche dar. Es zeigt sich erwartungsgemäß, dass Jugendliche im Feldbereich unten/links »Glauben« ablehnen oder zumindest sehr verunsichert in diesen Dingen sind. Die Jugendlichen im Feldbereich oben/rechts haben dagegen die größte Affinität zum Glaubensbegriff: Sie glauben eher an Gott und an die damit verbundenen, abgeleiteten Glaubenskategorien wie Wunder, Himmel, Hölle und Engel. Unten/rechts wird minimal eher erwartet, dass die Kirche den Glauben verkündet, wohingegen oben/links mit den Begriffen

»Reinkarnation« und »höheres Wesen« eher eine Offenheit für individuelle Reflexionen indiziert ist. In der folgenden Abbildung 4.8 werden interreligiöse Vorurteile im Wertefeld differenziert. Das ist für die Frage der Sinnkonstruktion in doppelter Weise instruktiv. Zum einen stellt die Unterscheidung der eigenen Gruppe von den anderen einen Akt der Sinnkonstruktion im Sinne von Orientierung dar, und zum anderen beziehen sich die dargestellten Vorurteile auf Gruppen, die durch religiöse Sinnstiftungstraditionen definiert sind.

Abbildung 4.8 zeigt, dass Jugendliche unten/rechts antisemitische und islamophobe Einstellungen zeigen, wohingegen Jugendliche im oberen Feldbereich freundliche Einstellungen gegenüber dem Judentum und dem Islam in Deutschland haben. Der Befund entspricht dem allgemeinen, nicht jugendspezifischen Befund von Gennerich (2018a), wonach Personen im Feldbereich oben/links eine größere Bildungsaffinität haben und gegenüber Komplexität toleranter sind, wohingegen Personen im Feldbereich unten/rechts die Komplexität der sozialen Wirklichkeit als Überforderung und Bedrohung erleben. Die abwertende Unterscheidung von Fremdgruppen stiftet in dieser Situation eine einfache, aber offenbar Sicherheit vermittelnde Orientierung.

Im nächsten Schritt können wir die Daten des Religionsmonitors 2013 begrenzt auf die Teilstichprobe der Jugendlichen im Alter von 16 bis 25 Jahren analysieren. Für die Analyse stehen hier Items zur Verfügung, die die Vielfalt des religiösen Möglichkeitsraum beschreiben.

Abbildung 4.9 zeigt, wie sich die Präferenzen für vielfältige religiöse Orientierungen in Abhängigkeit von den Wertorientierungen im Feld verteilen. Im Feldbereich unten/rechts befürworten die befragten Jugendlichen mehr als andere eine klare Unterscheidung von »gut und böse« (moralischer Dualismus) und ein exklusivistisches Heilsverständnis. Diese einfach strukturierte Wirklichkeitskonstruktion entspricht dem Bedürfnis nach Kontrolle dieser Gruppe, die in ihrer Präferenz für Macht- und Sicherheitswerte zum Ausdruck kommt. Im Feldbereich unten/links werden vor allem religionskri-

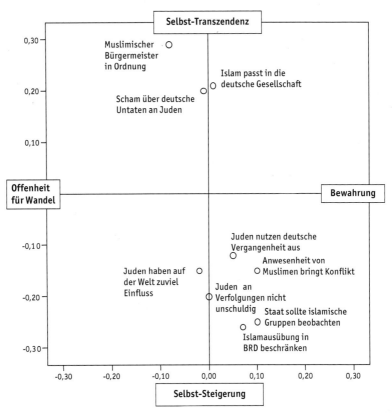

Abb. 4.8: Korrelation von Variablen zur Juden- und Islamfeindlichkeit mit den beiden Wertedimensionen bei 18- bis 25-Jährigen (ALLBUS 2012; N = 384–412)

tische Positionen bejaht: Ablehnung des Konzepts »Gott« sowie Zuschreibung destruktiver Attribute gegenüber der Religion. Auch das entspricht ihrer zu Traditionswerten oppositionellen Orientierung. Im Feldbereich oben/links lokalisiert sich das Item »Man sollte gegenüber allen Religionen offen sein«. Hier verorten sich demnach Jugendliche, die einem religionstheologischen Pluralismus zustimmen und entsprechend auch die exklusivistischen Items (»Heil vor allem für die Mitglieder meiner eigenen Religion«, »vor allem meine

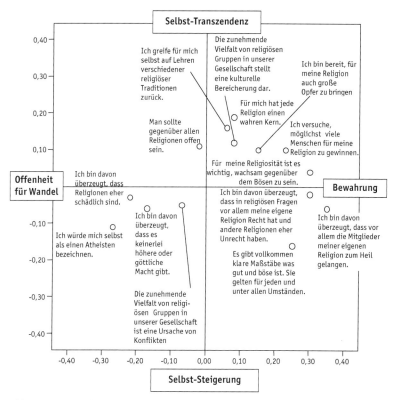

Abb. 4.9: Einstellungen zum Konzept »Religion« im Religionsmonitor 2013 bei deutschen Jugendlichen (N = 324; 16- bis 25-Jährige) in Korrelation mit den beiden Wertedimensionen

eigene Religion hat recht«) besonders stark negieren. Das entspricht wiederum ihrer universalistischen Wertorientierung. Im Feldbereich oben/rechts dokumentieren die dort verorteten Jugendlichen ein starkes religiöses Selbstverständnis, das sich noch einmal differenzieren lässt: Im Bereich des Pols »Bewahrung« wird der Gedanke der Mission und Opferbereitschaft stärker betont und am Pol »Selbst-Transzendenz« stärker pluralistische Positionen, wonach alle Religionen wahr sind.

Schließlich wurden in der Shell-Jugendstudie 2019 einige Items zum Bereich Religion und Kirche aufgenommen. Das entsprechende Wertefeld wurde bereits in Kapitel 3.4 in Abbildung 3.11 vorgestellt.

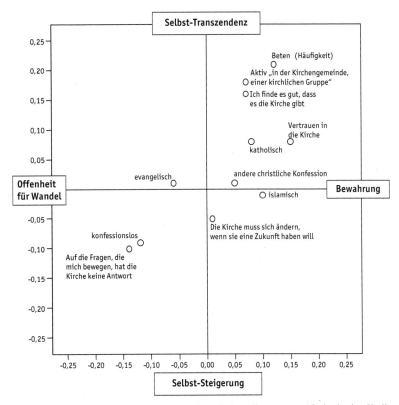

Abb. 4.10: Konfessionelle Mitgliedschaft und Einstellungen zur Kirche in der Shell-Jugendstudie 2019 (N = 1457–2056) in Korrelation mit den beiden Wertedimensionen (kumulierte Dimensionsberechnung; ▶ Abb. 3.11)

Abbildung 4.10 zeigt, dass im Feldbereich unten/links vor allem die konfessionslosen Jugendlichen verortet sind, die von der Kirche keine relevanten Antworten auf ihre Sinnfragen erwarten. Gegenüber im Feldbereich oben/rechts zeigen die dortigen, besonders häufig katholischen Jugendlichen ein hohes Vertrauen gegenüber der Kirche und Gefallen an der Kirche sowie eine häufigere religiöse Partizipation (Gebet, Gruppenaktivität). Darüber hinaus zeigt sich, dass sich muslimische Jugendliche minimal konservativer einschätzen und evangelische Jugendliche tendenziell progressiver. Insgesamt jedoch spiegeln die Religionsitems in der Shell-Jugendstudie nur die Polarität oben/rechts (mit Jugendlichen im Rahmen traditioneller religiöser Organisationen) vs. unten/links (mit Jugendlichen jenseits religiöser Selbstattribution) wider.

Zusammengenommen bestätigen und ergänzen die dargestellten Befundmuster den zusammenfassenden Überblick aus Kapitel 4.1.

a) Die *Humanist*innen im Feldbereich spiritueller Suche jenseits organisierter Religion (oben/links)* zeigen sich interreligiös offen und interpretieren den Begriff »Gott« weltimmanent, sodass sie Transzendenz und Immanenz rational in Beziehung setzen. Sie haben ein Verständnis für Religion, sind dabei jedoch relativ unabhängig von religiösen Institutionen, was in ihrer Präferenz für den Begriff der Spiritualität zum Ausdruck kommt. Die Humanist*innen beschäftigen sich häufig mit Sinnfragen, integrieren den Austausch mit anderen darüber in ihren Alltag und nutzen dafür auch die Möglichkeiten der digitalen Medien.

b) Die *Integrierten im Feldbereich traditioneller, organisierter Religion (oben/rechts)* partizipieren an kirchlichen Angeboten, verstehen sich als religiös und glauben an einen persönlichen »Gott«, der sich dem Einzelnen zuwendet. Ihre religiöse Praxis bewegt sich insgesamt in traditionellen Bahnen. Religionstheologisch vertreten sie einen offenen Inklusivismus, d.h. sie können eine starke Bindung an die eigene Religion zeigen, bei gleichzeitiger Wertschätzung anderer Religionen.

c) Die *Statussuchenden im Feldbereich von Religion mit starker Abgrenzung nach außen und interner Kontrolle (unten/rechts)* vertreten am ehesten exklusivistische Positionen gegenüber religiös anderen Menschen, d.h. ihre eigene Religion betrachten sie als überlegen. Über den Lebenssinn denken sie weniger als andere Jugendliche nach und haben auch weniger Gelegenheiten zur Kommunikation über Sinnfragen, sodass ihre Sinnkonstruktionen mutmaßlich weniger komplex sind im Vergleich zu den bildungsaffinen Humanist*innen, die ausgesprochen häufig über Sinnfragen diskutieren. Die Neigung zur Ausgrenzung anderer lässt sich vor diesem Hintergrund als Konstruktion von Orientierung verstehen, die eine überfordernde Unsicherheit reduziert und zugleich Status über die positive Bewertung der eigenen Gruppe generiert.

d) Die *Autonomen im Feldbereich säkularer Selbst-Attribution (unten/ links)* konstruieren am häufigsten ihre Identität atheistisch, zumindest jedoch hochgradig individuell. Denn eine Sinnkonstruktion, für die Elemente aus der traditionellen Religionskultur übernommen werden, kommt für sie am wenigsten in Frage. Sie deuten das Leben bevorzugt mit naturwissenschaftlichen Kategorien, sodass dem Individuum bei der Sinnkonstruktion ein hoher Grad an Eigenverantwortlichkeit zugeschrieben wird. Ihr Austausch mit Peers über Sinnfragen ist entsprechend dezidiert nicht-religiös bzw. religionskritisch.

5 Pädagogische Aufgaben und Optionen für Entwicklungsimpulse

5.1 Sensibilisierung für funktionale und dysfunktionale Aspekte von Lebensdeutungen

Lebensdeutungen, ob religiös oder nicht-religiös, können funktionale oder dysfunktionale Wirkungen für die Entwicklung von Jugendlichen haben. In einem ersten Schritt seien hier die wesentlichen Befunde zusammengefasst und im zweiten Schritt weitere Differenzierungen vorgenommen.

Smith (2003) versucht, die vielfältigen Zusammenhangsbefunde theoretisch zu erklären: Religiöse Jugendliche sind beispielsweise weniger depressiv und suizidanfällig, sie verhalten sich gesundheitsbewusster (Zahnhygiene, Schlaf, Sport, weniger Drogen) und haben kompetentere Bewältigungsstrategien in Krisensituationen, sie haben positive Einstellungen gegenüber Familie und Schule, sind akademisch erfolgreicher und sind häufiger ehrenamtlich engagiert (vgl. z. B. Donahue & Benson, 1995; Regnerus, 2003). Smith geht von neun Faktoren aus, über die sich Religion auf die Entwicklung von Jugendlichen auswirken kann.

Drei Faktoren basieren auf der moralischen Ordnung, die Religion bereitstellt (Smith, 2003, S. 20–22):

1. Religion gibt über historische Traditionen Richtlinien vor, die die Selbstkontrolle stärken und Tugenden fördern. Beispielsweise

fördern religiöse Geschichten die Internalisierung von moralischen Standards wie die Achtung der Würde des Mitmenschen als
Geschöpf Gottes oder die Präferenz für versöhnliches Handeln.
2. Religion stellt institutionelle Strukturen bereit, in denen Jugendliche moralische Standards einüben und entwickeln können.
3. In religiösen Kontexten finden Jugendliche Vorbilder, die es ihnen
ermöglichen, normativ anerkannte Verhaltensmuster nachzuah-
men.

Drei weitere Faktoren basieren auf erlernten Kompetenzen (Smith,
2003, S. 22–25):

4. In religiösen Gemeinschaften können Jugendliche vielfältige Fertigkeiten für das gelingende Miteinander in Gruppen sowie zur
Übernahme von Leitungsverantwortung erwerben, die über den
religiösen Bereich hinaus relevant sind.
5. Religiöse Überzeugungen stärken die Bewältigungsfertigkeiten
von Jugendlichen in Stresssituationen und in Krisen. Zum Beispiel
kann der Glaube daran, dass Gott in einer langfristigen Perspektive
einen guten Plan hat, akuten Stress relativieren.
6. Im religiösen Kontext wird kulturelles Kapital erworben: Kinder
und Jugendliche erwerben z.B. Bibelkenntnisse, mit denen sie die
westliche Kultur besser verstehen können, sie gewinnen ein vertieftes Verständnis zu theologischen Kategorien (z.B. Heiligkeit,
Inkarnation) oder sie erlernen im Kontext von Gemeinden Mu-
sikinstrumente und erfahren allgemein eine Förderung ihrer
musikalischen Kompetenzen.

Drei weitere Faktoren liegen in den sozialen und organisationalen
Beziehungen begründet, die Jugendliche in religiösen Gemeinschaften entwickeln (Smith, 2003, S. 25–27).

7. In Gemeinden gibt es für Jugendliche Gelegenheiten, unterstüt-
zende und fördernde inter-generationale Beziehungen zu knüpfen,
die über die Ressourcen der eigenen Familie hinausgehen und die

üblichen altersbegrenzten Erfahrungskontexte von Jugendlichen erweitern.

8. Jugendliche sind in Gemeinden in relativ dichte Netzwerke eingebettet, die abweichendes Verhalten missbilligen und konstruktives Verhalten ermutigen. Beispielsweise werden problematische Verhaltensweisen Jugendlicher eher von anderen Erwachsenen wahrgenommen und den Eltern kommuniziert, sodass bei prekären Entwicklungen frühzeitig interveniert werden kann.

9. Religion stellt Verbindungen bereit, die lokale und nationale Erfahrungsräume beträchtlich erweitern, z. B. über die Vermittlung von Auslandsaufenthalten oder über Bildungsprogramme, in denen transnationale Perspektiven einfließen.

Pearce, Uecker und Lundquist Denton (2019) übernehmen die Modellbildung von Smith (2003) und orientieren daran ihren Literaturüberblick, der auch aufzeigt, dass die von Smith skizzierten Mechanismen auch dysfunktional sein können. Beispielsweise könne es auf der Ebene der moralischen Ordnung Meinungsverschiedenheiten zwischen Eltern und Kindern geben, die zu Belastungen führen, oder konservative religiöse Traditionen können mit schlechteren Schulabschlüssen bei jungen Frauen einhergehen (S. 202). In konservativen protestantischen Gemeinschaften in den USA gehen uneheliche Schwangerschaften häufiger mit Abbrüchen in schulischen Bildungsgängen und beruflichen Karrieren einher (S. 206). Entsprechend sind religiöse Deutungen bezogen auf ihre Lebensdienlichkeit hin zu reflektieren.

Zu bedenken ist nämlich, dass ein Verzicht auf religiöse Sinndeutungen bzw. auf Sinndeutungen, die höhere Sinnebenen integrieren, ohne massive Entwicklungsbeeinträchtigungen kaum zu denken ist (vgl. Streib & Gennerich, 2011, S. 131–142). Orientierung bietet hier Baumeister (1990a; 1990b), der unterschiedliche Sinnebenen differenziert und sie in einen direkten Zusammenhang mit gesundheitsbezogenen Verhaltensweisen stellt. Er geht von der Einsicht aus, dass der Mensch wahrnimmt, dass er Standards nicht gerecht wird. In verschiedenen Studien (Baumeister, 1990a; 1990b;

Heatherton & Baumeister, 1991) zeigt er, wie Menschen versuchen, dieser Wahrnehmungsperspektive zu entkommen (durch Selbstmord, maßloses Essen, Alkohol, Zigaretten, Suche nach intensiver Stimulation), wenn ihnen alternative Bewältigungsoptionen nicht zur Verfügung stehen. In Kurzform ist seine Argumentation folgende: (1) Ohne Sinndeutungen sind Wahrnehmungen nur auf die unmittelbare Gegenwart bezogen (Schmerz, Wärme, Muskeltätigkeit etc.). (2) Durch Sinndeutungen werden Wahrnehmungen in einen weiteren Verstehens- bzw. Bedeutungshorizont gesetzt. Die Wahrnehmung der eigenen Leistung wird ins Verhältnis zu allgemeineren Standards gesetzt und das eigene Beziehungsverhalten zu sozialen Erwartungen. (3) Werden dabei Diskrepanzen zu den Standards diagnostiziert, dann resultieren daraus möglicherweise negative Gefühle (Versagen, Schuld). (4) Bei der Vermeidung höherer Sinnebenen handelt es sich dann um Techniken, die Diskrepanzerlebnisse aus dem Bewusstsein ausschließen, um negative Gefühlserfahrungen zu vermeiden (»kognitive Dekonstruktion«). Vor dem Hintergrund dieser Analyse stellt sich dann die Frage, ob bzw. welche ›höheren‹, d.h. integrierenden Sinndeutungen *gleichwohl* in der Lage wären, die erfahrenen Selbst-Diskrepanzen so zu deuten, dass sie *ohne* Furcht vor negativen Gefühlsresultaten akzeptierbar werden. In Kapitel 5.2 sei diese Frage der Sinnkonstruktion in einer Bildungsperspektive daher vertieft.

5.2 Inhaltliche Optionen der Sinnkonstruktion und anschließbare Bildungsperspektiven

Die skizzierten empirischen Befunde haben das Themenfeld »Glaube, Religion und Sinnsuche« beschrieben. Mit der begrifflichen Auffächerung wird dabei angezeigt, dass Jugendliche nicht immer ihre Lebenssinnkonstruktion unter dem Begriffsdach der Religion realisieren. Vielmehr wird von religiösen Jugendlichen der Begriff des

»Glaubens« bevorzugt (Reitze, 2018, S. 83; Schweitzer et al., 2018, S. 71), andere bevorzugen den Sinnbegriff (▶ Kap. 4.2). Es zeigte sich, dass Jugendliche im Allgemeinen zunehmend eine kritische Perspektive zum Phänomen Religion einnehmen, sowohl in einer entwicklungspsychologischen Perspektive wie auch bezogen auf Veränderungen der gesellschaftlichen Religionskultur in den letzten Jahrzehnten. Das bedeutet jedoch nicht, dass Jugendliche in dieser Dimension des Lebens keiner Begleitung bedürften. Denn empirisch können auch Schwachstellen adoleszenter Sinnkonstruktion aufgedeckt werden: Beispielsweise bevorzugen Jugendliche mit konflikthaften Sozialisationserfahrungen naturwissenschaftliche Kategorien für ihre Sinnkonstruktion (z. B. Zufall, Evolution; Gennerich, 2013, S. 84; 2015a, S. 34), weil sie diese nicht zumuten, in der eigenen Lebenswelt sinnvolle Strukturen auffinden zu sollen. Damit geht bei diesen Jugendlichen jedoch ein Nachteil einher, weil naturwissenschaftliche Kategorien nicht geeignet sind, die Würde der individuellen Person zu begründen (z. B. lässt sich das geliebte Gegenüber nicht über die Beschreibung von »biologischen Zufallsprozessen« in Streitsituationen bleibend anerkennen). Es stellt sich damit die Frage, ob es nicht allgemeine Kriterien gibt, nach denen die adoleszente Sinnkonstruktion begleitet werden kann. Mit Blick auf »Geschichten« als Quellen der Identitätskonstruktion (▶ Kap. 2.1.3) kann dem im nächsten Schritt exemplarisch weiter nachgegangen werden.

Mit Rückgriff auf Keupp (1997, S. 107–114) lässt sich die Ausgangssituation der »Moderne« über vier Phänomene beschreiben: (1) Die wachsende Komplexität der Lebensverhältnisse bedingt, dass sich kaum noch ein einheitliches Gesamtbild konstruieren lässt, sodass die *Erfahrungen fragmentiert* bleiben. (2) Die Pluralisierung der Lebensformen und Lebensstile bedingt eine unendliche Fülle von Alternativen, sodass es *keine selbstverständlichen Bezüge des Individuums zur Welt* mehr gibt, sondern das Weltverhältnis zum Gegenstand bewusster Entscheidungen wird. (3) Mit der Individualisierung geht eine Freisetzung aus Traditionen und Bindungen einher, sodass in der Gesellschaft potenziell der Zusammenhalt erodiert, der Lebensrisiken absichern kann. Ein *Engagement* in informellen Gruppen und formalen Organisationen wird dann eine *freie Entscheidung* des Individuums. (4) Traditionelle Organisationen wie die Kirchen, die Sinn über »Meta-Erzählungen« bereitstellen, verlieren an Bedeutung. Auf der Seite des Individuums spiegelt sich dies in einem Glaubensverlust, ohne dass das Bedürfnis nach Sinn verloren ginge. Entsprechend *müssen die Individuen ihr eigenes Sinnsystem basteln,* wobei sie auf vielfältige Quellen zurückgreifen können. Vor diesem Hintergrund hat sich in der Moderne eine Literatur herausgebildet, die das Individuum mit Identitätsofferten adressiert, sodass dem äußeren Chaos eine innere Einheit entgegensetzt werden kann. Mit Keupp (1996, 1997, 2004) lässt sich dabei zeigen, dass die Quellen für Narrative zur Identitätskonstruktion recht begrenzt sind. Er unterscheidet vier Grundtypen von Identitätsofferten, die sich befragen lassen, ob sie integrationsfähig für die Lebensrisiken des Individuums sind:

1. *Erzählungen vom »proteischen Selbst«.* Der Typ zeige verschiedene Varianten. (a) In der Form der allseits fitten Person, die keine persönliche Tiefe mehr kennt, soll es möglich sein, sich durch multiple Identitäten jederzeit neue Wege zu erschließen. Ein Beispiel ist der Managementratgeber David Bosshart, der von Keupp mit den Worten zitiert wird: »Dreh- und Angelpunkt der persönlichen Fitness ist nicht mehr der Aufbau einer eigenen, stabilen Identität, sondern das Vermeiden des Festgelegtwerdens« (Keupp, 1996, S. 43). Der Protagonist dieses Identitätstyps bewahrt sich damit seine Freiheit, allerdings nicht verknüpft mit hedonistischen Zielen. Denn die Identitätsofferte soll im Kontext der Wirtschaft förderlich sein und verbindet sich daher mit einer diffus-universellen Leistungsbereitschaft. Bezogen auf Krankheit, persönliche Merkmale, die mit einer reduzierten sozialen Attraktivität einhergehen, sowie bezogen auf Schicksalsschläge hilft diese Offerte kaum weiter, denn chronische Krankheiten – z.B. – legen fest und lassen keine Wahl. (b) In der Erzählung der allseits konsumierenden Person hat die Person auch unterschiedliche Facetten sowie keine inneren Verbindlichkeiten. Sie lässt sich von gewerblichen Angeboten füllen. Auch für diesen Typ stellt bei der Probe aufs Exempel »Krankheit« ein Problem dar, denn

Krankheit lässt sich nicht konsumieren und schränkt in der Regel die Möglichkeiten des Konsums ein, sodass der Identitätstyp in der Gewinn-Verlust-Bilanz an Attraktivität verliert. (c) Als dritte Variante des proteischen Selbst führt Keupp die Person mit multioptionalen Lebenschancen auf. Hier wird die Offenheit und Unverbindlichkeit der Person uneingeschränkt mit Freiheitswerten kombiniert. Es geht hier darum, die Unzahl von Möglichkeiten zu nutzen, um wie ein Künstler aus seinem Leben ein Kunstwerk zu machen. Auch dieses Modell expandierender Identität taugt wenig zur Krankheitsbewältigung, denn es ist Expression von Sorglosigkeit, sodass sich das Individuum quasi Anregungen von außen holen muss, um Wachstumserlebnisse zu haben.

2. *Erzählungen vom »fundamentalistischen Selbst«.* Hier spricht Keupp ebenfalls verschiedene Facetten an. Da ist die Behauptung von ewigen Wahrheiten menschlicher Existenz durch Bert Hellinger, dem systemischen Familientherapeuten. Er spricht von Ordnungen, die absolut sicher seien. Dazu gehört, dass Kinder ihren Eltern Ehre entgegenbringen müssten, auch wenn sie von ihnen missbraucht wurden. Männer müssten maskulin und Frauen feminin profiliert sein, Vermischung bringe vorgegebene Ordnungen durcheinander und schlage auf die Leute zurück, die sie vergeblich zu ändern suchen. Vergleichbar geht das »nationalistische Größenselbst« von einer festen Ordnung aus, bei dem durch Gruppenzugehörigkeit ein fester Grund angeboten wird. Und bei religiös fundamentalistischen Gruppen wird Unsicherheit verbannt, indem sie ihre Interpretation der Tradition absolut setzen. In Bezug auf den hier gewählten Problemfall der Krankheit sind diese Modelle zweischneidig. Einerseits können sie über kompensatorische (patriarchale, nationale, religiöse) Identitäten einen Ausgleich zur beschädigten Identität bereitstellen, andererseits bleiben aber Erfahrungen des Zweifels in einer verdrängten Position, weil z.B. Gott mit seiner dunklen Seite keinen Raum einnehmen darf. Hinzu kommt, dass das fundamentalistische Selbst seinen Trost nur durch eine massive Ausgrenzung von Anschlussmöglichkeiten in der Vielfalt der Moderne leisten kann. Das mindert

gerade wieder Optionen, die bei einer Krankheit möglicherweise noch geblieben sind. 3. Erzählungen vom »reflexiv-kommunitären Selbst«. Hierzu rechnet Keupp Entwürfe, die den Menschen als Gemeinschaftswesen darstellen. Dazu sind z. b. Empowerment-Diskurse zu rechnen, die Menschen ermutigen, kollektiv für ihre Rechte zu kämpfen und sich gegenüber gesellschaftlichen Zuschreibungen durch ein neues Selbstverständnis zu wehren. Anders als das fundamentalistische Selbst, das ebenfalls eine Gemeinschaftskomponente beinhaltet, bringt das Moment der Reflexion einen Spielraum in das Gemeinschaftsverständnis, der vor Fundamentalismen schützt. Eine Variante dieses Typs stellen Erzählungen vom »authentischen Selbst« dar. Da dieser Identitätstyp von einem sich selbst kontrollierenden Subjekt ausgeht, wird er von Keupp unter das proteische Selbst gezählt. Allerdings hat eine authentische Selbstdarstellung auch eine stark beziehungsstiftende Komponente, weil das Entdecken von Ähnlichkeiten Attraktivität und Gruppenkohäsion erzeugt (vgl. Gennerich, 2010a, S. 354–359). Sie sei daher hier zum reflexiv-kommunitären Selbst gerechnet. Keupp beschreibt die Vision des authentischen Menschen als eine Person, die sich in Kongruenz mit ihrer an Gefühlen orientierten Selbstbestimmung befindet. Dieses Ideal wurde bereits in der Romantik formuliert und in der humanistischen Psychologie von Carl Rogers zum Therapiekonzept ausgebaut. Der Gemeinschaftsbezug ist zwar nicht direktes Ziel, weil Fremdbestimmung als Übel des Identitätsentwurfs ausgemacht wird, aber die ethische Komponente erscheint im Ideal des Guten und Humanen. Es tritt als Regulativ auf, weil kein Mensch in Harmonie mit sich leben kann, wenn er die Bedürfnisse seiner Mitmenschen missachtet. Die Vielheit angesichts des gesellschaftlichen Pluralismus wird beim authentischen Selbst über die Suche nach inneren Maßstäben reduziert. Krankheit ist für diesen Ansatz entsprechend auch weniger ein Problem, allerdings bietet er keine kompensatorischen Entlastungsmöglichkeiten, weil hier die Person mit größeren Überlieferungseinheiten arbeiten müsste, die schnell als Entfremdung erscheinen können. Entlastung wird hier allgemein über Expression von Gefühlen gesucht. Schwierig bleibt aber die Konstruktion von Hoffnung in diesem Modell, wenn Selbstentfaltungsperspektiven eingeschränkt sind.

4. *Erzählungen vom »beschädigten Leben«.* Diesen Typ zählt Keupp zum reflexiv-kommunitären Modell. Dabei werde die Identität in der Semantik von Hoffnungslosigkeit und Versagen konstruiert. Keupp bemerkt, dass das beschädigte Leben weitestgehend verdrängt werde. Das sei auch die Ursache, weswegen die Identitätserzählungen Schwierigkeiten haben, Beschädigungen zu integrieren. Allerdings sind Erzählungen vom beschädigten Leben nicht automatisch kommunitär. Beschädigtes Leben kann auch desintegrierend und entsolidarisierend sein, wie Bauman (2001) für das Ghetto beschreibt. Daher ist es sinnvoll, die pessimistische Variante als Variante des proteischen Selbst im Kontext fehlender Lebensmöglichkeiten zu beschreiben. Gemeinsam mit dem proteischen Selbst ist hier nämlich, dass beschädigte Identität ohne Hoffnung kein Commitment kennt und kontrastiv den Verlust von Optionen beschreibt. Wenn jedoch das beschädigte Leben in eine Erzählung integriert wird, die eine Zukunftsperspektive eröffnet, dann ist ein aufrechter Gang des bzw. der Beschädigten möglich. Für diesen Typ ist Henning Luther (1992) besonders energisch eingetreten. Er spricht in einer religiösen Perspektive davon, dass unsere Identität fragmentarisch bleibt, aber dass dies nicht nur Defizit ist:

>»Wir sind immer zugleich auch Ruinen unserer Vergangenheit, Fragment zerbrochener Hoffnungen, verronnener Lebenswünsche, verworfener Möglichkeiten, vertaner und verspielter Chancen. Wir sind Ruinen aufgrund unseres Verlangens und unserer Schuld ebenso wie aufgrund zugefügter Verletzungen und erlittener und widerfahrender Verluste und Niederlagen. Dies ist der Schmerz des Fragments« (Luther, 1992, S. 169).

Luther betont aber zugleich, dass das Fragment über sich hinausweist und im Glauben Vollendung antizipieren kann – wenngleich Luther die Balance zwischen ›Offenheit‹ und ›Festlegung auf einen Trost‹ möglichst lange zu Gunsten des Schmerzes offenhalten will. Ähnlich benutzt auch Bonhoeffer (1952) in seinem Buch »Widerstand und

163

Ergebung« den Begriff vom Fragment, der auf die höhere Vollendung in Gott hinweisen kann. Weil nur Gott vollenden kann, ist die Wahrnehmung des Fragmentarischen immer auch ein Fingerzeig auf Gott hin, der zum Vertrauen auf dessen Vollendung einlädt. Keupp würdigt diese beiden theologischen »Erzählungen« als wichtige Option auf dem Markt der Identitätsofferten (Keupp, 1997, S. 127–129; 2004, S. 31–32). Hier werden sie als eigenständiger Typ dargestellt, weil ihr unterscheidendes Merkmal darin liegt, dass eine hoffnungsvolle Perspektive ohne Realitätsverleugnung bereitgestellt wird. Anders als beim Fundamentalismus werden gesellschaftliche Partizipationsmöglichkeiten damit nicht beschränkt oder verbaut.

Mit Keupp ist davon auszugehen, dass sich diese Grundtypen zwar variieren und aktualisieren lassen, jedoch ist es unwahrscheinlich, dass völlig neue Offerten diesen Möglichkeitsraum sprengen. Das lässt sich auch mit Rückgriff auf das in Kapitel 2.2 eingeführte und in Kapitel 4 weiter ausgebaute Wertefeld begründen. Denn das Modell repräsentiert alle möglichen Wertsetzungen und die von Keupp skizzierten Narrationen decken dieses Feld ab: Die Erzählungen vom proteischen Selbst (Typ 1) betonen Werte der Leistung (»allseits fit«), des Hedonismus (»allseits konsumierend«) und der Stimulation wie auch Selbstentfaltung (»multioptional«). Die Erzählungen vom fundamentalistischen Selbst betonen Werte der Sicherheit (»Ordnungen« nach Hellinger) und der Macht (»Größenselbst«). Die Erzählungen vom reflexiv-kommunitären Selbst mit ihren Akzentsetzungen auf Empowerment, Authentizität, Humanität und unbedingter Akzeptanz basieren auf Werten der Selbstentfaltung und des Universalismus. Schließlich betonen Erzählungen vom beschädigten Leben in ihrer theologischen Variante Werte der Prosozialität und Tradition (»Annahme des Schicksals« ist ein Traditionswert, Schwartz, 1992, S. 7). Der Markt der Narrationen ist also mit den von Keupp aufgeführten Typen vollständig abgedeckt.

Freilich ist es eine andere Frage, über welche pädagogischen Strategien die Jugendlichen ihre eigenen Sinnkonstruktionen entwickeln und in ihrer Identitätsentwicklung gefördert werden können.

Die Lebensstilperspektive bietet dafür verschiedene Optionen: Grundsätzlich können im Feld Personen und Meinungsgegenstände verschoben werden (Spiegel, 1961). Wenn man jedoch davon ausgeht, dass Personen relativ stabil einer Lebensstilgruppe angehören (Otte & Rössel, 2011, S. 13) und dass es sich in einer pädagogischen Perspektive verbietet, Jugendlichen normativ vorgegebene Werte aufzunötigen und sie damit im Feld ggf. zu verschieben (vgl. Gennerich, 2021, S. 369–371; Naurath, 2021, S. 224), dann legt sich allein nahe, bezogen auf vorfindliche Orientierungsmuster oder Sinnstiftungen Jugendlicher zu reflektieren, welche pädagogischen Impulse für konkrete Jugendliche entwicklungsförderlich sind.

Ein möglicher verallgemeinerungsfähiger Zugang könnte hier der Modus des Zweifelns sein. Das heißt, Jugendliche können darin unterstützt werden, ihre Sinnkonstruktionen kriterienbezogen zu reflektieren. Dabei können unterschiedliche Heuristiken angewendet werden, z.B.»Freiheit und Liebe unter den Bedingungen der Pluralität« (Gennerich, 2010a, S. 39; vgl. Bernhardt, 2005) oder das Passungskriterium der Authentizität, sodass das Subjekt die Erfahrung machen kann, dass eine konkrete Vorstellung im individuellen Sinndeutungskontext plausibel ist (Gennerich, 2022, S. 293). Dabei gilt, dass die deutsche Gegenwartsgesellschaft säkular geprägt ist, sodass im Unterschied zum Hochmittelalter die Welt in jeder Beziehung säkular verstanden werden kann. Die Adaption religiöser oder auch anderer Weltdeutungen geschieht daher im Anschluss an individuelle Erfahrungen der Entwicklungsförderlichkeit (Gennerich, 2022, S. 293; vgl. Hoffmann, 2017, S. 25–35).

Um derartige Überlegungen in der pädagogischen Praxis zu berücksichtigen, kann der Ansatz von Karl E. Weick aus Kapitel 2 wieder aufgenommen werden (▶ Kap. 2.1.3). Mit ihm können Fördermöglichkeiten der Sinnkonstruktion ausgelotet werden, indem man vier Prozesse der Sinnkonstruktion differenziert (vgl. Gennerich, 2010b). Weick unterscheidet überzeugungsbasierte und handlungsbasierte Prozesse der Sinnkonstruktion.»Argumente« und »Erwartungen« sind Gegenstand der überzeugungsbasierten Prozesse.

(1) Sinnkonstruktion durch *Argumentieren*: Verschiedene Menschen haben unterschiedliche Deutungsrahmen für die Interpretation der Wirklichkeit. Daraus resultieren vielfältige Perspektiven, die sich auch untereinander widersprechen. Beim Argumentieren werden diese vielfältigen Verstehensmöglichkeiten auf ihre Belastbarkeit hin erkundet. Im Widerstreit der Argumente kann sich das Konsensfähige und Identitätsrelevante herauskristallisieren, sodass Sinn entsteht. Relevant sind dabei Unterschiede in der Reflexion von Minoritäts- und Majoritätspositionen. Eine Kritik von Majoritätspositionen führt zu einer höheren Erregung, sodass stressbedingt der Reflexionsgrad geringer und das Denken konvergenter ist. Da eine Kritik von Minoritätspositionen dagegen weniger stressbelastet ist, können Minoritätsperspektiven tiefer und weitreichender reflektiert werden. Im Ergebnis erzeugen daher Minoritätspositionen bessere Argumente, mit denen dann eine flexiblere Anpassung gegenüber Umweltveränderungen wahrscheinlicher wird (Weick, 1995, S. 135–145). Entsprechende Prozesse lassen sich auch in Schulklassen für den Religionsunterricht annehmen, insofern meist eine heterogene Zusammensetzung der Lerngruppen vorliegt (vgl. Gennerich, 2010b, S. 88). Zugleich basieren unterrichtliche Lernprozesse wesentlich auf dem Argumentieren im Rahmen von Diskussionen und individuellen Reflexionen (Gennerich, 2014a, S. 39–40). Als Ziel des Lernens auch mit Konfessionslosen und nicht-religiösen Jugendlichen wird dabei die individuelle Positionierungsfähigkeit angestrebt (Käbisch & Philipp, 2017).

(2) Sinnkonstruktion durch *Erwarten*: Erwartungen sind direktiver als Argumente. Sie filtern die empfangenen Informationen auf der Basis von Vorurteilen, Hypothesen und Glaubensannahmen. Das Bedürfnis nach Stabilität und Vorhersagbarkeit in einer instabilen Welt bedingt, dass Menschen nach einer Bestätigung für ihre Erwartungen suchen. Auffassungen, mit denen die Welt interpretiert werden kann, stabilisieren sich daher. Es entstehen kleine stabile Strukturen, an denen sich Sinn kristallisieren kann (Weick, 1995, S. 145–154). Jugendliche dürften hier auf Basis westlicher Bildungsideale an der Schule auch im Bereich Religion vorrangig mit dem Ideal der Auto-

nomie konfrontiert sein. Das spiegelt sich beispielsweise in den religiösen Entwicklungstheorien, die als Entwicklungsziel religiöse Autonomie annehmen (Schweitzer, 1999). Auf der anderen Seite spiegelt die Diskussion um das »Religionsstunden-Ich« Unterrichtssituationen, in denen sich Schüler*innen den Erwartungen der Religionslehrkräfte anpassen, sodass eine Reflexion authentischer Erfahrungen nicht zustande kommt (vgl. Gennerich, 2010b, S. 89) bzw. die Subjekte von der religiösen Kultur, der sie zugehören, geprägt werden, sodass sie die Wirklichkeit mit der Brille der Tradition wahrnehmen lernen (vgl. Gennerich, 2014a, S. 37; Roth, 2018, S. 7).

Bei den handlungsbasierten Prozessen unterscheidet Weick die Entwicklung von Verbindlichkeit (»Commitment«) und den Prozess der »Umweltgestaltung«.

(3) Sinnkonstruktion durch *Commitment.* In einer Struktur, in der Individuen öffentlich und freiwillig handeln und diese Handlungen von ihrem Charakter her unumkehrbar sind (z. B. Engagement im Ehrenamt), sind die Individuen genötigt, sich zu rechtfertigen und ihr Verhalten zu erklären. Das erzeugt Bindungen, weil z. B. das auch vor sich selbst gerechtfertigte Beteiligungsverhalten Teil der eigenen Identität wird. Denn Bindungen fokussieren die Aufmerksamkeit und werden so zu Ankern der Sinnkonstruktion, bei der sich plausible Weltdeutungen stabilisieren (Weick, 1995, S. 156–162). Im Kontext kirchlicher Jugendarbeit steigt dabei die Wahrscheinlichkeit für Rezeption religiöser Deutungen bei der Sinnkonstruktion (vgl. Streib & Gennerich, 2011, S. 62), gleiches kann für die Beteiligung von Schüler*innen bei Schulgottesdiensten, interreligiösen Gebeten und ökumenischen Projekten angenommen werden, die empirisch weit verbreitet sind (vgl. Feige & Tzscheetzsch, 2005, S. 73; Gennerich & Mokrosch, 2016, S. 63; Gennerich et al., 2021, S. 91).

(4) Sinnkonstruktion durch *Umweltgestaltung* (»manipulation«). Personen und Gruppen können intentional ihre Umwelt beeinflussen bzw. gestalten, sodass gewünschte Sinnstrukturen entstehen (Weick, 1995, S. 162–168). Beispielsweise lädt ein geschmückter Raum mit einer aufgestellten Musikanlage zum Feiern und Tanzen ein. Oder wenn ein Schüler einen Geburtstagskuchen in den Unterricht mit-

bringt, aktivieren sich bei allen Beteiligten Schemata, die wahrscheinlich einen anderen Verlauf der »Unterrichtsstunde« bedingen als von der Lehrkraft ursprünglich geplant. Mit Blick auf die Schulkultur ist der Prozess der Umweltgestaltung besonders evident: Die Einrichtung eines Andachts- und Meditationsraums an einer Schule eröffnet Chancen für religiöse Sinnkonstruktionen über den Religionsunterricht hinaus (Glees-zur Bonsen 2004). Die Einführung eines Mentoringkonzepts für kirchliche Jugendarbeit aktiviert Schüler*innen zu mehr Eigenverantwortlichkeit (Rottach 2005, S. 61 u. 66) und Projekttage mit interreligiösen Themen und die gemeinsame Gestaltung religiöser Feste in der Schule eröffnen Chancen zum interreligiösen Begegnungslernen (Verburg, 2021). Insbesondere unter dem Stichwort der »Religionssensibilität« wird die Herausforderung diskutiert, dass Organisationskulturen anschlussfähig bleiben müssen für religiöse Bildungsprozesse. Dies gilt, insofern religiöse Vielfalt von Pädagoginnen und Pädagogen auch als Überforderungssituation wahrgenommen werden kann und dazu führt, dass Religion in Bildungseinrichtungen tabuisiert wird und eine Reflexion über entwicklungshinderliche und entwicklungsförderliche Sinnkonstruktionen gar nicht stattfinden kann (z. B. Reitze, 2018).

Diese vier Prozesse sind prinzipiell unabhängig vom inhaltlichen Profil der Sinnkonstruktionen, die über sie entstehen können. Abhängig von der kulturellen Ausrichtung der Bildungsakteur*innen können daher sehr unterschiedliche Identitäten gefördert werden. Mit Rückgriff auf die unterschiedlichen Lebensstilgruppen lässt sich jedoch allgemein erwägen, ob sich nicht kontextabhängig unterschiedliche Entwicklungsziele für Jugendliche nahelegen, die entsprechend nach dem pädagogischen Kriterium der »Entwicklungsförderlichkeit« zu unterstützen wären.

5.3 Schluss

In der Darstellung des Themas »Jugend und Religion« in diesem Buch wurden theoretische Perspektiven und empirische Befunde vereint. Das ermöglicht, zum Schluss die Vielfalt der Befunde noch einmal systematisch zusammenzuführen.

1. Die berichteten empirischen Befunde in Kapitel 3.2 haben gezeigt, dass Jugendliche ihren Kinderglauben in Frage stellen und es insbesondere bis zum 16. bzw. 17. Lebensjahr zu einer Abnahme religiöser Praxis kommt. Ab dem 18. bzw. 21. Lebensjahr kann dann das Thema Religion, Glaube und Sinnsuche mit dem Älterwerden wieder wichtiger werden. Dieser kurvilineare Entwicklungsverlauf konnte in Kapitel 2.2.2 auch für den Wandel der Gottesbilder Jugendlicher nachgewiesen werden und in Kapitel 3.2 für die Wertepräferenzen Jugendlicher. Kapitel 2.2.2 hat dabei eine stark integrierende Funktion, weil es zeigt, dass das in Kapitel 2.2.1 präsentierte Lebensstilmodell das Potential hat, bisherige, in ihren Grundannahmen widerlegte Modelle der religiösen Entwicklung abzulösen.

2. Die Daten zeigen sodann, dass Jugendliche sich religiöse Vorstellungen orientiert an ihren Bedürfnissen aneignen. Eine Kontinuität der eigenen Identität nach dem Tod wird gerne geglaubt, ebenso wie religiöse Begründungen für moralische Standards. Des Weiteren werden religiöse Aussagen eher bejaht, die dem Bedürfnis nach Kontrolle entsprechen (z.B. ein fürsorglicher Gott, der allmächtig ist und auf Bitten entsprechend reagieren kann, oder allgemein Sinn, der darin liegt, was man selbst gestalten kann). Der Glaube an Gott kann schließlich auch dem Selbstwert dienen, wobei in Tabelle 2.3 gezeigt werden konnte, dass die Liebe Gottes nur für einen keinen Teil der Jugendlichen konstitutiv für den Selbstwert ist. Die Familie und die eigene Leistungsfähigkeit sind demgegenüber im Allgemeinen relevanter. Freilich, bei einer Wahl innerhalb des Gottesbildes findet der selbstwertdienliche Pol

»liebevoll« (57 %) im Unterschied zu »streng« (7 %) deutlich mehr Zustimmung (▶ Tab. 3.1).

3. Neuere empirische Forschungen zum Verhältnis von Emotionen und Religion (▶ Kap. 2.2.3) zeigen nicht nur Prozesse auf, die verständlich machen, wie Religion die Selbstregulation der Subjekte unterstützt. Sie unterstreichen auch, dass das Jugendalter aufgrund der kognitiven Veränderungen eine prägnante Umbruchszeit ist, die mit neuen religiösen Fragen und ethischen Herausforderungen einhergeht. Religiöse Deutungen können dabei eine konstruktive Rolle spielen, weil sie zur Reduktion negativer Emotionen beitragen und positive Emotionen fördern können. Über die Dokumentation solcher Zusammenhänge hinaus kann mittlerweile gezeigt werden, dass religiöse Texte Überzeugungen über die Kontrollierbarkeit von Emotionen vermitteln, die dann auch zur Entwicklung korrespondierender Kompetenzen führen.

4. Viel Zustimmung finden auch positive Einstellungen gegenüber der religiösen Pluralität in Deutschland, z. B. zum interreligiösen Dialog. Diese pluralitätsfreundliche und interreligiöse Orientierung entspricht der tatsächlichen Zunahme religiöser Pluralität, die sich in Deutschland herausgebildet hat (▶ Abb. 3.13). In diesem Punkt unterscheiden sich deutsche Jugendliche zusammen mit Jugendlichen aus den Niederlanden, Spanien, Kolumbien und Singapur deutlich von ihren Peers aus Algerien, Marokko, Japan und China (▶ Tab. 3.22).

5. Im internationalen Vergleich zeichnen sich deutsche Jugendliche auch durch eine im mittleren Bereich ausgeprägte Religiosität aus (54 % Glauben an Gott). Einen geringen Gottesglauben gibt es dagegen in China (13 %) und den Niederlanden (35 %) und einen höheren in muslimischen Ländern wie Algerien (100 %) und Marokko (100 %) (▶ Tab. 3.22). In Passung zu dem Muster aus Punkt 3 und 4 stehen auch die Wertepräferenzen deutscher Jugendlicher, die sich durch eine Betonung von »Offenheit für Wandel« sowie »Selbst-Steigerung« auszeichnen. Die mittlere Ausprägung des Glaubens an Gott ist dabei Resultat einer längeren Entwicklung, die sich mit Daten der Jugendforschung seit 1953 nachzeichnen lässt.

6. Auffällig ist schließlich, dass klassische religiöse Themen wie der Anfang und das Ende der Welt, der Tod und der Sinn des Lebens nur begrenzt von den Jugendlichen als »religiös« etikettiert werden. Der alternative Begriff »spirituell« ist noch weniger akzeptiert. Und auch der Sinnbegriff erscheint in den Daten als ambivalent: Einerseits betonen Jugendliche, dass sie dem Leben selbst Sinn geben müssen und dass er darin liegt, was sie selbst gestalten können; andererseits meinen 67 %, dass sie sich »nie« über den Sinn ihres Lebens austauschen. Der Sinnfrage ergeht es daher nicht viel anders als religiösen Themen, über die sich 72 % der Jugendlichen in ihrer Selbstsicht »nie« austauschen. Diese Selbstsicht steht in einem ausgesprochen Widerspruch zur sozialwissenschaftlichen Annahme, dass Jugendliche in ihrer Peerkommunikation selbstverständlich Sinn konstruieren.

7. Kapitel 4 bietet eine Zusammenfassung der vier unterschiedenen Lebensstiltypen, die in diesem Buch durchgängig herangezogen wurden. Es wurden Humanist*innen, Integrierte, Statussuchende und Autonome unterschieden. *Humanist*innen* tauschen sich am häufigsten über den Sinn des Lebens aus und das auch unter Rückgriff auf Social Media, sie betrachten sich eher als andere als »spirituell« und sind mit ihrer positiven Emotionalität offen interreligiös orientiert. *Integrierte* reflektieren die Frage nach dem Sinn des Lebens aus einer religiösen Perspektive. Sie haben eher als andere Jugendliche Kontakt mit Mitarbeitenden der Kirchen- oder Moscheegemeinden und sprechen über Sinnfragen auch mit anderen Gemeindemitgliedern. Ihre Gebetspraxis und ihr Gottesglaube sind eine wichtige Ressource ihrer durchaus pluralistisch orientierten Sinnkonstruktion. *Statussuchende* vertreten exklusivistische Sinnkonstruktionen, die dadurch bestimmt sind, dass sie Mitglieder von Fremdgruppen ausgrenzen oder abwerten. Ihre Emotionalität ist stärker als bei anderen geprägt von Ärger und Neid. Reflexion und Diskurs sind weniger ihre Sache, wichtiger sind klare normative Orientierungen. *Autonome* stehen in Distanz zu Sinndeutungen, die auf transzendierende Perspektiven (z.B. Gott oder langfristige Zeithorizonte) zurückgreifen. Sie glauben an

171

das, was sie sehen und im Hier und Jetzt greifen können (z.B. kausale Prozesse in der Natur). Ihre Emotionalität ist mehr als bei anderen Jugendlichen von Ekel und Abscheu geprägt (d.h., sie orientieren ihr Urteilen und Handeln an dem, was für sie attraktiv ist).

8. Wie bereits in Punkt 7 aufgedeckt, gibt es eine Diskrepanz zwischen der Selbstsicht der Jugendlichen und einer fachlich begründeten Perspektive auf die Sinnkonstruktion der Jugendlichen. Es liegt daher nahe, mit Rückgriff auf Kapitel 5 mögliche Förderperspektiven zu reflektieren, auch wenn die Jugendlichen selbst sich ihrer Entwicklungspotentiale nicht gleichermaßen bewusst sind. Insbesondere die in der Lebensstilperspektive aufgedeckten Unterschiede in der Sinnkonstruktion zwischen den verschiedenen Lebensstilgruppen geben Anlass, Förderperspektiven für Jugendliche differenziert zu entwickeln: Die *Humanist*innen* bevorzugen in einer theologischen Perspektive immanente Deutungen (z.B.»Gott ist nur das Wertvolle im Menschen«), die alles Gewicht auf ihre eigene Handlungsstärke legen.»Erzählungen vom reflexiv-kommunitären Selbst« (Keupp) dürfte diese Gruppe entsprecht attraktiv finden. Allerdings kommt diese Sinnkonstruktion an ihre Grenzen, wenn»Brüche« bzw.»Schädigungen« in die Biographie integriert werden müssen. Die Wahrnehmung»theologischer Erzählungen vom beschädigten Leben« könnte die Optionen dann erweitern. Mit Blick auf die *Integrierten*, die gerade ihren Sinn religiös konstruieren und entsprechend auf die Tradition und religiöse Institutionen mit ihren professionellen Akteur*innen zurückgreifen, zeigt sich ihre Konventionalität als Grenze. In unseren Daten dokumentiert sich das darin, dass sie z.B. weniger als andere Jugendliche Social Media nutzen. Optionen der Öffnung und der Reflexion von Alternativen könnten für diese Gruppe eine angemessene pädagogisch Zielperspektive darstellen. Die *Statussuchenden*, die sich von Fremdgruppen abgrenzen und eine Reflexion von Sinn eher verweigern, verbauen sich durch ihre Orientierung potentiell gesellschaftliche Partizipationschancen. Die stabilisierenden»Erzählungen vom fundamentalistischen Größenselbst«

erscheinen diesen Jugendlichen wahrscheinlich attraktiv, jedoch wären hier gerade erweiternde Perspektiven pädagogisch wünschenswert. Schließlich zeichnen sich die *Autonomen* dadurch aus, dass sie in Opposition zur religiösen Tradition stehen und entsprechende Ressourcen nicht für ihre Sinnkonstruktion nutzen. Teilweise erleben diese Jugendlichen auch Momente der Sinnlosigkeit, weil ihnen nahestehende »Erzählungen vom proteischen Selbst« nur in relativ begrenzten Kontexten Sinn generieren können. Vor allem wäre auch in einer ethischen Perspektive wünschenswert, die emotionale Orientierung an Attraktivitätskategorien wie »Ekel/Abscheu« in Richtung »Mitgefühl« zu erweitern (vgl. Nussbaum, 2016, S. 217–237 u. 388–470). Eine gewisse Offenheit in diese Richtung und für erweiternde »religiöse« Deutungen, die semantisch nicht von der Konvention geprägt sind, zeigt diese Gruppe durchaus, wie Kapitel 4 gezeigt hat.

9. Mit Weick (1995) wurden schließlich verschiedene Prozesse der Sinnkonstruktion beschrieben (Argumentieren, Erwarten, committing, Umwelt Gestalten), die pädagogisch nicht auf spezifische religiöse oder weltanschauliche Präferenzen festgelegt sind. Allerdings decken die Analysen – wie beispielhaft beschrieben – vielfach Ansatzpunkt für entwicklungsförderliche pädagogische Interventionen auf. Plädiert wurde dafür, mit den Jugendlichen eine reflexive Haltung einzuüben und Sinnkonstruktionen Jugendlicher unter Anwendung der Kriterien »Freiheit und Liebe unter den Bedingungen der Pluralität« kritisch-konstruktiv zu reflektieren und zu entwickeln.

173

Literatur

Akkuş, U., Toprak, A., Yılmaz, D. & Götting, V. (2020). Zusammengehörigkeit, Genderaspekte und Jugendkultur im Salafismus. Wiesbaden: Springer VS.

Albert, M., Hurrelmann, K. & Quenzel, G. (2011). Jugend 2010. Köln: GESIS Datenarchiv. ZA5075 Datenfile Version 1.0.0, doi:10.4232/1.11071.

Allen, D. (1997). Ascetic theology and psychology. In R. C. Roberts & M. R. Talbot (Eds.), Limning the psyche: Explorations in Christian psychology (S. 297–316). Grand Rapids: Eerdmans.

Arnett, J. J. (2000). Emerging adulthood: A theory of development from the late teens through the twenties. American Psychologist, 55, 469–480.

Arnett, J. J. (2004). Emerging adulthood: The winding road from the late teens through the twenties. New York: Oxford University Press.

Baltes, P. B., Lindenberger, U. & Staudinger, U. M. (1998). Life-span theory in developmental psychology. In R. M. Lerner (Eds.), Handbook of child psychology (Bd. 1, S. 1029–1143). New York: Wiley.

Barth, U. (1996). Was ist Religion? Zeitschrift für Theologie und Kirche, 93, 538–560.

Bauman, Z. (2001). Community: Seeking safety in an insecure world. Cambridge: Polity Press.

Baumeister, R. F. (1989). The problem of life's meaning. In D. M. Buss & N. Cantor (Eds.), Personality psychology: Recent trends and emerging directions (S. 138–148). New York: Springer.

Baumeister, R. F. (1990a). Suicide as escape from self. Psychological Review, 97, 90–113.

Baumeister, R. F. (1990b). Anxiety and deconstruction: On escaping the self. In: J. M. Olsen & M. P. Zanna (Eds.), Self-inference processes: The Ontario Symposium (Bd. 6, S. 259–291). Hillsdale: Erlbaum.

Baumeister, R. F., Stillwell, A. M. & Heatherton, T. F. (1994). Guilt: An interpersonal approach. Psychological Bulletin, 115 (2), 243–267.

Baumeister, R. F. & Muraven, M. (1996). Identity as adaption to social, cultural, and historical context. Journal of Adolescence, 19, 405–416.

Bedford-Strohm, H. & Jung, V. (Hrsg.) (2015). Vernetzte Vielfalt: Die fünfte EKD-Erhebung über Kirchenmitgliedschaft. Gütersloh: Gütersloher Verlagshaus.

Benner, D. (2004). Bildung und Religion. In C. Wulf, H. Macha & E. Liebau (Hrsg.), Formen des Religiösen (S. 19–36). Weinheim: Beltz.

Bernhardt, R. (2005). Die Polarität von Freiheit und Liebe: Überlegungen zur interreligiösen Urteilsbildung aus dogmatischer Perspektive. In R. Bernhardt & P. Schmidt-Leukel (Hrsg.), Kriterien interreligiöser Urteilsbildung (S. 71–101). Zürich: TVZ.

Bigman, Y. E., Mauss, I. B., Gross, J. J. & Tamir, M. (2016). Yes I can: Expected success promotes actual success in emotion regulation. Cognition and Emotion, 30 (7), 1380–1387.

Blücher, V. G., Tacke, W. & Schöppner, K.-P. (1975). Die Situation der deutschen Jugend 1975 (Jugend zwischen 13 und 24). Köln: GESIS Datenarchiv. ZA0772 Datenfile Version 1.0.0, doi:10.4232/1.0772.

Bonhoeffer, D. (1952). Widerstand und Ergebung: Briefe und Aufzeichnungen aus der Haft. München: Kaiser.

Bozay, K. (2019). Dem politischen Salafismus wirkungsvoll begegnen. In A. Toprak & G. Weitzel (Hrsg.), Salafismus in Deutschland: Jugendkulturelle Aspekte, pädagogische Perspektiven (S. 135–153). Wiesbaden: Springer VS.

Bremner, R. H., Koole, S. L. & Bushman, B. J. (2011).»Pray for those who mistreat you«: Effects of prayer on anger and aggression. Personality and Social Psychology Bulletin, 37 (6), 830–837.

Bucher, A. (2009). Psychologie des Glücks: Ein Handbuch. Weinheim: Beltz.

Büttner, G. & Dieterich, V.-J. (2016, 2. Aufl.). Entwicklungspsychologie in der Religionspädagogik. Göttingen: Vandenhoeck & Ruprecht.

Bybee, J. A. & Zigler, E. (1991). Self-image and guilt: A further test of the cognitive-developmental formulation. Journal of Personality, 59, 733–745.

Calmbach, M., Thomas, P. M., Borchard, I. & Flaig, B. B. (2012). Wie ticken Jugendliche? 2012: Lebenswelten von Jugendlichen im Alter von 14 bis 17 Jahren in Deutschland. Bonn: Verlag Haus Altenberg.

Calmbach, M., Borgstedt, S., Borchard, I., Thomas, P. M. & Flaig, B. B. (2016). Wie ticken Jugendliche 2016? Lebenswelten von Jugendlichen im Alter von 14 bis 17 Jahren in Deutschland. Wiesbaden: Springer.

Cantwell Smith, W. (1979). Faith and belief. Princeton: Princeton University Press.

Carlozzi, B. L., Winterowd, C., Harrist, R. S., Thomason, N., Bratkovich, K. & Worth, S. (2010). Spirituality, anger and stress in early adolescents. Journal of Religion and Health, 49, 445–459.

Chaplin, L. N. (2009). Please may I have a bike? Better yet, may I have a hug? An examination of children's and adolescents' happiness. Journal of Happiness Studies, 10 (5), 541–562.

Clayton, P. (1992). Rationalität und Religion: Erklärung in Naturwissenschaft und Theologie. Paderborn: Schöningh.

Crocker, J. & Park, L. E. (2004). The costly pursuit of self-esteem. Psychological Bulletin, 130 (3), 392–414.

Crocker, J. & Wolfe, C. T. (2001). Contingencies of self-worth. Psychological Review, 108 (3), 593–623.

Crocker, J., Luhtanen, R. K., Cooper, M. L. & Bouvrette, A. (2003). Contingencies of self-worth in college students: Theory and measurement. Journal of Personality and Social Psychology, 85 (5), 894–908.

Danschke, C. (2019). Attraktivität, Anziehungskraft und Akteure des politischen und militanten Salafismus in Deutschland. In A. Toprak & G. Weitzel (Hrsg.), Salafismus in Deutschland: Jugendkulturelle Aspekte, pädagogische Perspektiven (S. 61–76). Wiesbaden: Springer VS.

De Rubeis, S. & Hollenstein, T. (2009). Individual differences in shame and depressive symptoms during early adolescence. Personality and Individual Differences, 46 (4), 477–482.

Döbert, R. (1991). Oser and Gmünder's stage 3 of religious development and its social context: A vicious circle. In J. W. Fowler, K. E. Nipkow & F. Schweizer (Eds.), Stages of faith and religious development (S. 162–179). New York: Crossroad.

Donahue, M. J. & Benson, P. L. (1995). Religion and the well-being of adolescents. Journal of Social Issues, 51 (2), 145–160.

Düx, W. & Sass, E. (2005). Lernen in informellen Kontexten: Lernpotentiale in Settings des freiwilligen Engagements. Zeitschrift für Erziehungswissenschaft, 8 (3), 394–411.

Düx, W., Prein, G., Sass, E. & Tully, C. J. (2008). Kompetenzerwerb im freiwilligen Engagement: Eine empirische Studie zum informellen Lernen im Jugendalter. Wiesbaden: VS Verlag.

EKD (2023). Äußerungen des kirchlichen Lebens. Online verfügbar unter: https://www.ekd.de/statistiken-ueber-die-aeusserungen-des-kirchlichen-lebens-44432.htm (Abruf: 22.02.2023)

El-Mafaalani, A. (2014). Salafismus als jugendkulturelle Provokation. Zwischen dem Bedürfnis nach Abgrenzung und der Suche nach habitueller Übereinstimmung. In T. G. Schneiders (Hrsg.), Salafismus in Deutschland (S. 355–362). Bielefeld: transcript.

Engelhardt, K., Loewenich, H. v. & Steinacker, P. (1997). Fremde Heimat Kirche: Die dritte EKD-Erhebung über Kirchenmitgliedschaft. Gütersloh: Gütersloher Verlagshaus.

Englert, R. (2008). Religionspädagogische Grundfragen: Anstöße zur Urteilsbildung. Stuttgart: Kohlhammer.

Erez, M. & Earley, P. C. (1993). Culture, self-identity and work. New York: Oxford University Press.

Erikson, E. H. (1966/1995). Identität und Lebenszyklus. Frankfurt: Suhrkamp.

Fahim, A. A. (2013). Migrationshintergrund und biographische Belastungen als Analysekriterien von Radikalisierungsprozessen junger Muslime in Deutschland. In M. Herding (Hrsg.), Radikaler Islam im Jugendalter: Erscheinungsformen, Ursachen und Kontexte (S. 40–56). Halle (Saale): Deutsches Jugendinstitut. Online verfügbar unter: http://www.dji.de/fileadmin/user_upload/bibs2014/1461_DJI_RadikalerIslam.pdf (Abruf: 23.06.2017).

Faix, T. & Künkler, T. (2018). Empirica Jugendstudie 2018: Forschungsbericht. Online verfügbar unter: https://www.cvjm-hochschule.de/forschung/forschungsinstitut-empirica-fuer-jugend-kultur-und-religion/downloads/ (Abruf: 21.09.2019).

Farsch, H. (2021). Scham- und Beschämungserfahrungen in digitalen Medien und Perspektiven ihrer Bearbeitung im Religionsunterricht. Ludwigsburg: Unveröffentlichte Masterarbeit an der Pädagogischen Hochschule Ludwigsburg.

Feige, A. & Gennerich, C. (2008). Lebensorientierungen Jugendlicher. Münster: Waxmann.

Feige, A. & Tzscheetzsch, W. (2005). Christlicher Religionsunterricht im religionsneutralen Staat? Unterrichtliche Zielvorstellungen und religiöses Selbstverständnis von ev. und kath. Religionslehrerinnen und -lehrern in Baden-Württemberg. Ostfildern/Stuttgart: Schwabenverlag/Kohlhammer.

Fischer, A., Fuchs, W., Jugendwerk der Deutschen Shell & Zinnecker, J. (1985). Jugendliche und Erwachsene '85 (Jugendliche). Köln: GESIS Datenarchiv. ZA1438 Datenfile Version 1.0.0, doi:10.4232/1.1438.

Fischer, A., Fuchs-Heinritz, W. & Münchmeier, R. (2009). Jugend 2000. Köln: GESIS Datenarchiv. ZA4724 Datenfile Version 1.0.0, doi:10.4232/1.4724.

Fowler, J. W. (1991). Stufen des Glaubens. Die Psychologie der menschlichen Entwicklung und die Suche nach Sinn. Gütersloh: Gütersloher Verlagshaus.

Fredrickson, B. L. (2004). Gratitude, like other positive emotions, broadens and builds. In R. A. Emmons & M. E. McCullough (Eds.), The Psychology of gratitude (S. 145–166). Oxford: Oxford University Press.

Froh, J. J., Fan, J., Emmons, R. A., Bono, G., Huebner, E. S. & Watkins, P. (2011). Measuring gratitude in youth: Assessing the psychometric properties of adult gratitude scales in children and adolescents. Psychological Assessment, 23 (2), 311–324.

Gabriel, K. (1991). Tradition im Kontext enttraditionalisierter Gesellschaft. In Wiederkehr, D. (Hrsg.), Wie geschieht Tradition? Überlieferung im Lebensprozess der Kirche (S. 69–88). Herder: Freiburg.

Gennerich, C. (2010a). Empirische Dogmatik des Jugendalters. Stuttgart: Kohlhammer.

Gennerich, C. (2010b). Religiöses Lernen als Sinnkonstruktion. Theo-Web. Zeitschrift für Religionspädagogik, 9 (2), 85–99.

Gennerich, C. (2012). Narrative Religionsdidaktik: Ansätze, empirische Grundlagen und Entwicklungsperspektiven. Theo-Web. Zeitschrift für Religionspädagogik, 11 (1), 226–247.

Gennerich, C. (2013). Schöpfung und Ordnung. In V.-J. Dieterich, B. Roebben & M. Rothgangel (Hrsg.), »Der Urknall ist immerhin, würde ich sagen, auch nur eine Theorie«: Schöpfung und Jugendtheologie (S. 70–90). Stuttgart: Calwer.

Gennerich, C. (2014a). Bibel als Medium der Identitätsbildung. Zeitschrift für Theologie und Pädagogik, 66 (1), 35–45.

Gennerich, C. (2014b). Konfessionslosigkeit im Jugendalter. Zeitschrift für Theologie und Pädagogik, 66 (3), 232–243.

Gennerich, C. (2015a). Findet sich eine Dogmatik bei Berufsschülern? In M. Meyer-Blanck & A. Obermann (Hrsg.), Die Religion des Berufsschulreligionsunterrichts (S. 25–41). Münster: Waxmann.

Gennerich, C. (2015b). Emotionen als Anforderungssituationen in einer kompetenzorientierten Religionsdidaktik. Theo-Web. Zeitschrift für Religionspädagogik, 14 (1), 6–15.

Gennerich, C. (2017a). Rechtfertigung – religionsdidaktische Perspektiven auf psychologischer Grundlage. Theo-Web. Zeitschrift für Religionspädagogik, 16 (1), 22–46.

Gennerich, C. (2017b). Religiosität Jugendlicher in der Lebensstil-Perspektive. Österreichisches Religionspädagogisches Forum, 25 (1), 47–63.

Gennerich, C. (2017c). Adolescent lifestyle groups, their favorite places and challenges for religious education: An empirical study in a rural area of Germany. In M. Rothgangel, K. v. Brömssen, H.-G. Heimbrock & G. Skeie (Eds.), Location, space and place in religious education (S. 163–183). Münster: Waxmann.

Gennerich, C. (2018a). Values and the value space as a coordinate system for understanding xenosophia and inter-religious prejudice. In H. Streib & C. Klein (Eds.), Xenosophia and religion: Biographical and statistical paths for a culture of welcome (S. 255–281). Cham: Springer.

Gennerich, C. (2018b). Lebensstile Jugendlicher: Beteiligung an Angeboten kommunaler, vereinsorganisierter und kirchlicher Jugendarbeit. Opladen: Budrich UniPress.

Gennerich, C. (2019). Hoffnung. In M. Rothgangel, H. Simojoki & U. H. J. Körtner (Hrsg.), Theologische Schlüsselbegriffe: Subjektorientiert – biblisch – systematisch – didaktisch (S. 204–216). Göttingen: Vandenhoeck & Ruprecht.

Gennerich, C. (2021). Ethische Bildung in Jugendarbeit und Gemeindearbeit. In K. Lindner & M. Zimmermann (Hrsg.), Handbuch ethische Bildung (S. 369–375). Tübingen: Mohr Siebeck.

Gennerich, C. (2022). Religion und Spiritualität. In M. K. W. Schweer (Hrsg.), Facetten des Vertrauens und Misstrauens: Herausforderungen für das soziale Miteinander (S. 287–306). Wiesbaden: Springer VS.

Gennerich, C. & Feige, A. (2009). Jugend und Religion in neuer Perspektive: Empirisch valide Forschungsergebnisse durch eine theoretisch angemessene Fundierung. International Journal for Practical Theology, 13 (1), 22–45.

Gennerich, C. & Huber, S. (2006). Value priorities and content of religiosity – New research perspectives. Archiv für Religionspsychologie, 28, 253–267.

Gennerich, C. & Huber, S. (2021). On the relationship of value priorities with the centrality of religiosity and a variety of religious orientations and emotions. Religions, 12 (3), 157. Online verfügbar unter: https://doi.org/10.3390/rel1203 0157 (Abruf: 07.09.2022).

Gennerich, C., Käbisch, D. & Woppowa, J. (2021). Konfessionelle Kooperation und Multiperspektivität: Empirische Einblicke in den Religionsunterricht an Gesamtschulen. Stuttgart: Kohlhammer.

Gennerich, C. & Mokrosch, R. (2016). Religionsunterricht kooperativ: Evaluation des konfessionell-kooperativen Religionsunterrichts in Niedersachsen und Perspektiven für einen religions-kooperativen Unterricht. Stuttgart: Kohlhammer.

Gennerich, C. & Riegel, U. (2015). Wissenschaftstheorie. In M. Zimmermann & H. Lindner (Hrsg.), Wissenschaftlich-Religionspädagogisches Lexikon. Online verfügbar unter: http://www.bibelwissenschaft.de/stichwort/100001/ (Abruf: 07.09.2022).

Gennerich, C. & Streib, H. (2022). Jugend und Religion. In H. H. Krüger, C. Grunert & K. Ludwig (Hrsg.), Handbuch Kindheits- und Jugendforschung (Bd. 2, S. 1107–1127). Wiesbaden: Springer VS.

Gennerich, C. & Zimmermann, M. (2020). Bibelwissen und Bibelverständnis bei Jugendlichen: Grundlegende Befunde – Theoriegeleitete Analysen – Bibeldidaktische Konsequenzen. Stuttgart: Kohlhammer.

Glees-zur Bonsen, H. (2004). Ein Meditationsraum für die Schule. Katechetische Blätter, 129 (6), 434–437.

Greenberg, J., Pyszczynski, T., Solomon, S., Rosenblatt, A., Veeder, M., Kirkland, S. & Lyon, D. (1990). Evidence for terror management theory II: The effects of mortality salience on reactions to those who explicitly and implicitly threaten the cultural worldview. Journal of Personality and Social Psychology, 58 (2), 308–318.

Grimm, J. (Hrsg.) (2009). State-Trait-Anxiety Inventory nach Spielberger: Deutsche Lang- und Kurzversion. Methodenforum der Universität Wien: MF-Working Paper 2009/02.

Habermas, T. (2001). Die Entwicklung eines stabilen Selbstkonzepts als Beitrag zur Zunahme der Depression im späten Kindesalter und Jugendalter. Zeitschrift für Entwicklungspsychologie und Pädagogische Psychologie, 33 (4), 215–220.

Habermas, T. & Bluck, S. (2000). Getting a life: The emergence of the life story in adolescence. Psychological Bulletin, 126 (5), 748–769.

Hanselmann, J., Hild, H. & Lohse, E. (1984). Was wird aus der Kirche? Ergebnisse der zweiten EKD-Umfrage über Kirchenmitgliedschaft. Gütersloh: Gütersloher Verlagshaus.

Harding, S. R., Flannelly, K. J., Weaver, A. J. & Costa, K. G. (2005). The influence of religion on death anxiety and death acceptance. Mental Health, Religion and Culture, 8 (4), 253–261.

Härle, W. (1990). Die Rede von der Liebe und vom Zorn Gottes. In: E. Jüngel (Hrsg.), Die Heilsbedeutung des Kreuzes für Glaube und Hoffnung der Christen (S. 50–69). Tübingen: Mohr.

Harter, S. (1990). Self and identity development. In S. S. Feldman & G. R. Elliott (Eds.), At the threshold: The developing adolescent (S. 352–387). New York: Harvard University Press.

Harter, S., Marold, D. B., Whitesell, N. R. & Cobbs, G. (1996). A model of the effects of perceived parent and peer support on adolescent false self behavior. Child Development, 67 (2), 360–374.

Hartmann, P. H. (1999). Lebensstilforschung: Darstellung, Kritik und Weiterentwicklung. Opladen: Leske und Budrich.

Hartmann, P. H. (2011). Methodische und methodologische Probleme der Lebensstilforschung. In J. Rössel & G. Otte (Hrsg.), Lebensstilforschung (S. 62-85). Wiesbaden: VS Verlag.

Haviland-Jones, J. M. & Kalhbaugh, P. (2000). Emotion and identity. In M. Lewis & J. M. Haviland-Jones (Eds.), Handbook of emotions (pp. 293–305). New York: Guilford Press.

Heaven, P. C. L., Ciarrochi, J. & Leeson, P. (2009). The longitudinal links between shame and increasing hostility during adolescence. Personality and Individual Differences, 47 (8), 841–844.

Hild, H. (Hrsg.) (1974). Wie stabil ist die Kirche? Bestand und Erneuerung. Gelnhausen/Berlin: Burckhardthaus-Verlag.

Hitlin, S. (2003). Values as the core of personal identity: Drawing links between two theories of self. Social Psychology Quarterly, 66 (2), 118–137.

Hofer, M. (1999). Community service and social cognitive development in German adolescents. In: M. Yates & J. Youniss (Hrsg.), Roots of civic identity: International perspectives on community service and activism in youth (S. 114–134). Cambridge: Cambridge University Press.

Hoffmann, V. (2017). Zweifel, Säkularität und Identität. In V. Hoffmann (Hrsg.), Nachdenken über den Zweifel (S. 21–35). Ostfildern: Grünewald.

Huber, S. (2008). Der Religiositäts-Struktur-Test (R-S-T). Systematik und operationale Konstrukte. In W. Gräb & L. Charbonnier (Hrsg.), Individualisierung – Spiritualität – Religion (S. 131–171). Münster: Lit.

Huber, S. (2007). Spirituelle Räume: Ein Beitrag zur Phänomenologie des religiösen Erlebens und Verhaltens im Alter. In R. Kunz (Hrsg.), Religiöse Begleitung im Alter (S. 45–71). Zürich: Theologischer Verlag Zürich.

Huber, S. & Huber, O. W. (2012). The Centrality of Religiosity Scale (CRS). Religions, 3 (3), 710–724. Online verfügbar unter: https://doi.org/10.3390/rel303 0710.

Huber, W., Friedrich, J. & Steinacker, P. (2006). Kirche in der Vielfalt ihrer Lebensbezüge: Die vierte EKD-Erhebung über Kirchenmitgliedschaft. Gütersloh: Gütersloher Verlagshaus.

Hockey, K. M. (2017). The missing emotion: The absence of anger and the promotion of nonretaliation in 1 Peter. In F. S. Spencer (Ed.), Mixed feelings and vexed passions: Exploring emotions in biblical literature (S. 331–353). Atlanta: SBL Press.

Hummel, K., Kamp, M. & Spielhaus, R. (2016). Herausforderungen der empirischen Forschung zu Salafismus: Bestandsaufnahme und kritische Kommentierung der Datenlage. Frankfurt am Main: Hessische Stiftung für Friedens- und Konfliktforschung (HSFK-Report Nr. 1/2016). Online verfügbar unter: https://www.hsfk.de/fileadmin/HSFK/hsfk_publikationen/report0116_01.pdf (Abruf: 23.06.2017).

Hurrelmann, K. & Albert, M. (2007). Jugend 2006 (Kumulation 2002 und 2006). Köln: GESIS Datenarchiv. ZA4513 Datenfile Version 1.0.0, doi:10.4232/1.4513.

Hurrelmann, K. & Jugendwerk der Deutschen Shell (2002). Jugend 2002. Köln: GESIS Datenarchiv. ZA3694 Datenfile Version 1.0.0, doi:10.4232/1.3694.

Hutter, S. J. (2021). Emotionen als Komponente des Gottesbildes bei Jugendlichen. PH Ludwigsburg: Unveröffentlichte Bachelor-Arbeit.

Ilg, W. (2014). Sinus-Milieu-Studien: Viel genutzt, kaum hinterfragt. Zeitschrift für Pädagogik und Theologie, 66 (1), 68–84.

Ilg, W., Schweitzer, F. & Elsenbast, V. (2009). Konfirmandenarbeit in Deutschland: Empirische Einblicke, Herausforderungen, Perspektiven. Gütersloh: Gütersloher Verlagshaus.

Jörns, K.-P. (1997). Die neuen Gesichter Gottes: Was die Menschen heute wirklich glauben. München: Beck.

Jörns, K.-P. & Großeholz, C. (1998). Was die Menschen wirklich glauben: die soziale Gestalt des Glaubens – Analysen einer Umfrage. Gütersloh: Kaiser.

Jost, J. T., Glaser, J., Kruglanski, A. W. & Sulloway, F. J. (2003). Political conservatism as motivated social cognition. Psychological Bulletin, 129 (3), 339–375.

Käbisch, D. & Philipp, L. (2017). Religiöse Positionierung als Fähigkeit zum Perspektivenwechsel und Argumentieren: Didaktische Leitlinien für das gemeinsame Lernen mit Konfessionslosen. In K. Lindner, M. Schambeck, H. Simojoki & E. Naurath (Hrsg.), Zukunftsfähiger Religionsunterricht (S. 238–257). Freiburg: Herder.

Kaddor, L. (2019). Vom Klassenzimmer in den Heiligen Krieg – Warum Jugendliche islamistische Fundamentalisten werden. In A. Toprak & G. Weitzel (Hrsg.), Salafismus in Deutschland: Jugendkulturelle Aspekte, pädagogische Perspektiven (S. 91–102). Wiesbaden: Springer VS.

Kasser, T. (2002). Sketches for a self-determination theory of values. In E. L. Deci & R. M. Ryan (Hrsg.), Handbook of self-determination research (S. 123–140). Rochester: University of Rochester Press.

Kasser, T., Ryan, R. M., Zax, M. & Sameroff, A. J. (1995). The relations of maternal and social environments to late adolescents' materialistic and prosocial values. Developmental Psychology, 31 (6), 907–914.

Keupp, H. (1996). Wer erzählt mir, wer ich bin? Identitätsofferten auf dem Markt der Narrationen. Psychologie und Gesellschaftskritik 20 (4), 39–64.

Keupp, H. (1997). Subjektsein heute: Zwischen postmoderner Diffusion und der Suche nach neuen Fundamenten. In A. Grözinger & J. Lott (Hrsg.), Gelebte Religion: Im Brennpunkt praktisch-theologischen Denkens und Handelns (S. 99–126). Rheinbach-Merbach: CMZ-Verlag.

Keupp, H. (2004). Fragmente oder Einheit? Wie heute Identität geschaffen wird. München: Institut für Praxisforschung und Projektberatung. Online verfügbar unter: http://www.ipp-muenchen.de/texte/fragmente_oder_einheit.pdf (Abruf: 18.02.2022).

Kim-Prieto, C. & Diener, E. (2009). Religion as a source of variation in the experience of positive and negative emotions. The Journal of Positive Psychology, 4 (6), 447–460.

Kirkpatrick, L. A. (1999). Attachment and religious representations and behavior. In P. R. Shaver & J. Cassidy (Eds.), Handbook of attachment: Theory, research and clinical applications (S. 803–822). New York: Guilford Press.

Kirkpatrick, L. A. (2005). Attachment, evolution, and the psychology of religion: New York: Guilford Press.

Knoblauch, H. (2009). Populäre Religion: Auf dem Weg in eine spirituelle Gesellschaft. Frankfurt/M.: Campus Verlag.

Krettenauer, T. (2006). Informelles Lernen und freiwilliges Engagement im Jugendalter aus psychologischer Sicht. In T. Rauschenbach, W. Düx & E. Sass (Hrsg.), Informelles Lernen im Jugendalter: Vernachlässigte Dimensionen der Bildungsdebatte (S. 93–120). Weinheim: Juventa.

Künkler, T., Faix, T. & Jäckel, M. (2020). The guilt phenomenon: An analysis of emotions towards God in highly religious adolescents and young adults. Religions, 11 (8), 420. Online verfügbar unter: https://doi.org/10.3390/rel1108 0420.

Kupper, K. & Rohrmann, S. (2016). STAXI-2 KJ: Das State-Trait-Ärgerausdrucks-Inventar-2 für Kinder und Jugendliche – Deutschsprachige Adaptation und Erweiterung des State-Trait Anger Expression Inventory-2 Child and Adolescent (STAXI-2 C/A) von Thomas M. Brunner und Charles D. Spielberger. Göttingen: Hogrefe.

Lambert, N. M., Fincham, F. D., Graham, S. M., Braithwaite, S. R. & Beach, S. R. H. (2009). Can prayer increase gratitude? Psychology of Religion and Spirituality, 1 (3), 139–149.

Laux, L., Glanzmann, P., Schaffner, P. & Spielberger, C. D. (1981). Das State-Trait-Angstinventar. Weinheim: Beltz.

Lazarus, R. S. (1999). Stress and emotion: A new synthesis. London: Free Association Books.

Levesque, R. J. R. (2012). Hope. In R. J. R. Levesque (Ed.), Encyclopedia of adolescence (S. 1327–1329). New York: Springer.

Luckmann, T. (1991). Die unsichtbare Religion. Frankfurt/M.: Suhrkamp.

Luther, H. (1992). Religion und Alltag: Bausteine zu einer praktischen Theologie des Subjekts. Stuttgart: Radius-Verlag.

Lynch, W. (1965). Images of hope. Notre Dame: Notre Dame Press.

Marcia, J. E. (1966). Development and validation of ego-identity status. Journal of Personality and Social Psychology, 3 (5), 551–558.

Marcia, J. E. (1993). Ego identity: A handbook for psychosocial research. New York/Heidelberg: Springer.

Marcinechová, D. & Martinčeková Záhorcová, L. (2020). Sexual satisfaction, sexual attitudes, and shame in relation to religiosity. Sexuality and Culture, 24, 1913–1928.

Martinez-Pilkington, A. (2007). Shame and guilt: The psychology of sacramental confession. The Humanistic Psychologist, 35 (2), 203–218.

Massé, L. & Gagné, F. (2002). Gifts and talents as sources of envy in high school settings. Gifted Child Quarterly, 46 (1), 15–29.

McCullough, M. E., Tsang, J.-A. & Emmons, R. A. (2002). The grateful disposition: A conceptual and empirical topography. Journal of Personality and Social Psychology, 82 (1), 112–127.

Mehl, M. F. (2019). Zur religiösen Bewältigung von Neid: Eine empirische Studie. Darmstadt: Unveröffentlichte Masterarbeit an der Evangelischen Hochschule Darmstadt.

Meyer, M. (2012). Das Gehirn von Jugendlichen ist eine Baustelle. Prisma: Die etwas andere Zeitschrift für Menschen mit Diabetes, o. Jg. (4), 4–7.

Mikulincer, M., Gillath, O., Sapir-Lavid, Y., Yaakobi, E., Arias, K., Tal-Aloni, L. & Bor, G. (2003). Attachment theory and concern for others' welfare: Evidence that activation of the sense of secure base promotes endorsement of self-transcendence values. Basic and Applied Social Psychology, 25 (4), 299–312.

Morgenthaler, C. (1999). Subjekt, Story und Tradition. In G. Lämmermann, C. Morgenthaler & K. Schori (Hrsg.), Bibeldidaktik der Postmoderne (90–130). Stuttgart: Kohlhammer.

Naurath, E. (2021). Übertragung, Erhellung, Entwicklung, Kommunikation, Erfahrung: Strategien ethischer Bildung im Religionsunterricht. In K. Lindner & M. Zimmermann (Hrsg.), Handbuch ethische Bildung (S. 222–229). Tübingen: Mohr Siebeck.

Neidhart, W. (1975). Erzählbuch zur Bibel: Theorie und Beispiele. Zürich: Theologischer Verlag.

Ng, E. C. & Chan, C. C. (2015). The gratitude of underprivileged young people in Hong Kong: The potential role of religious mentors. Journal of Psychology and Theology, 43 (2), 140–147.

Nordbruch, G., Müller, J. & Ünlü, D. (2014). Salafismus als Ausweg? Zur Attraktivität des Salafismus unter Jugendlichen. In T. G. Schneiders (Hrsg.), Salafismus in Deutschland (S. 363–370). Bielefeld: transcript.

Nurmi, J.-E. (1991). How do adolescents see their future? A review of the development of future orientation and planning. Developmental Review, 11 (1), 1–59.

Nussbaum, M. (2016). Politische Emotionen. Frankfurt: Suhrkamp.

Oerter, R. (2009). Glück und Sinn des Lebens im Verständnis von Kindern und Jugendlichen verschiedener Länder. In A. A. Bucher, G. Büttner, P. Freudenberger-Lötz & M. Schreiner (Hrsg.), »In den Himmel kommen nur, die sich auch verstehen«: Wie Kinder über religiöse Differenz denken und sprechen (S. 9–21). Stuttgart: Calwer.

Oettingen, G., Pak, H.-J. & Schnetter, K. (2001). Self-regulation of goal setting: Turning free fantasies about the future into binding goals. Journal of Personality and Social Psychology, 80 (5), 736–753.

Oser, F. K. (1991). The development of religious judgement. New Directions for Child Development, 52, 5–25.

Oser, F. K. & Gmünder, P. (1984). Der Mensch – Stufen seiner religiösen Entwicklung. Zürich: Benziger.

Otte, G. & Rössel, J. (2011). Lebensstile in der Soziologie. In J. Rössel & G. Otte (Hrsg.), Lebensstilforschung (S. 7–34). Wiesbaden: VS Verlag.

Otto, A. K., Szczesny, E. C., Soriano, E. C., Laurenceau, J.-P. & Siegel, S. D. (2016). Effects of a randomized gratitude intervention on death-related fear of recurrence in breast cancer survivors. Health Psychology, 35 (12), 1320–1328.

Parker, J. G., Kruse, S. A. & Aikins, J. W. (2010). When friends have other friends: Friendship jealousy in childhood and early adolescence. In S. L. Hart & M. Legerstee (Eds.), Handbook of jealousy: Theory, research, and multidisciplinary approaches (S. 516–546). Chichester: Wiley-Blackwell.

Pearce, L. D., Uecker, J. E. & Lundquist Denton, M. (2019). Religion and adolescent outcomes: How and under what conditions religion matters. Annual Review of Sociology, 45, 201–222.

Petri, H. (1996). Zukunftsängste von Kindern und Jugendlichen. Zeitschrift für Sozialisationsforschung und Erziehungssoziologie, 16 (4), 339–352.

Pickel, G. (2013). Konfessionslose – das ›Residual‹ des Christentums oder Stütze des neuen Atheismus? Theo-Web. Zeitschrift für Religionspädagogik, 12 (1), 12–31.

Pickel, G. (2014). Jugendliche und junge Erwachsene: Stabil im Bindungsverlust zur Kirche. In EKD (Hrsg.), Engagement und Indifferenz: V. EKD-Erhebung über Kirchenmitgliedschaft (S. 60–72). Hannover: EKD. Online verfügbar unter: https://www.ekd.de/EKD-Texte/kmu5.html (Abruf: 03.11.2016).

Pieper, J. (1970). Überlieferung: Begriff und Anspruch. München: Kösel.

Raffaelli, M. & Koller, S. H. (2005). Future expectations of Brasilian street youth. Journal of Adolescence, 28 (2), 249–262.

Regnerus, M. D. (2003). Religion and positive adolescent outcomes: A review of research and theory. Review of Religious Research, 44 (4), 394–413.

Reinders, H. (2002). Gesellschafts- und personenbezogene Zukunftsperspektiven in der Adoleszenz. Zeitschrift für Soziologie der Erziehung und Sozialisation, 22 (3), 285–300.

Reitze, K. (2018). Religionssensible Pädagogik: Die Bedeutung religiöser Jugendarbeit in der Kinder- und Jugendhilfe. Stuttgart: Kohlhammer.

Rokeach, M. (1968). Beliefs, attitudes, and values. San Francisco: Jossey-Bass.

Rokeach, M. (1973). The nature of human values. New York: The Free Press.

Rosenkranz, J., Kämmerer, A., Wittkamp, M., Rupp, A. & Resch, F. (2000). Körperscham bei Jugendlichen – eine empirische Untersuchung. Zeitschrift für Entwicklungspsychologie und pädagogische Psychologie, 32 (1), 25–33.

Rössel, J. & Otte, G. (Hrsg.) (2011). Lebensstilforschung. Wiesbaden: VS Verlag.

Roth, M. (2018). Das Religionsstunden-Ich. In M. Zimmermann & H. Lindner (Hrsg.), Wissenschaftlich-Religionspädagogisches Lexikon im Internet. Online verfügbar unter: http://www.bibelwissenschaft.de/stichwort/200389/ (Abruf: 25.03.2021).

Rother, J. S. (2022). Resilienzförderung im Religionsunterricht: Eine empirische Studie. Ludwigsburg: Unveröffentlichte Masterarbeit an der Pädagogischen Hochschule Ludwigsburg.

Rottach, E.-M. (2005). Schülermentorinnen und -mentoren für kirchliche Jugendarbeit. Schüler/innen gestalten ihre Schule aktiv und eigenverantwortlich. In J. Burkard & P. Wehrle (Hrsg.), Schulkultur mitgestalten: Pastorale Anregungen und Modelle (S. 59–69). Freiburg: Herder.

Ruch, W. & Zuckerman, M. (2001). Sensation seeking and adolescence. In J. Raithel (Hrsg.), Risikoverhaltensweisen Jugendlicher: Formen, Erklärungen und Prävention (S. 97–100). Opladen: Leske und Budrich.

Salisch, M. v. & Vogelgesang, J. (2005). Anger regulation among friends: Assessment and development from childhood to adolescence. Journal of Social and Personal Relationships, 22 (6), 837–855.

Schäfer, A. (2008a). Lebenswelten und Sozialisationsbedingungen jugendlicher Baptisten. Diskurs Kindheits- und Jugendforschung, 3 (3), 339–351.

Schäfer, A. (2008b). Religiöse Aussiedlerjugend als Bildungsmoratorium? In C. Hunner-Kreisel, A. Schäfer & M. D. Witte (Hrsg.), Jugend, Bildung und Globalisierung (S. 59–76). Weinheim: Juventa.

Schäfer, A. (2010). Zwiespältige Lebenswelten: Jugendliche in evangelikalen Aussiedlergemeinden. Wiesbaden: VS Verlag für Sozialwissenschaften.

Schäfer, A. (2018). Ambivalente Vergemeinschaftung: Familie, Geschlecht und Sozialisation in evangelikalen Milieus. Forum Erwachsenenbildung, 51 (2), 26–30.

Schmidt, P., Bamberg, S., Davidov, E., Herrmann, J. & Schwartz, S. H (2007). Die Messung von Werten mit dem »Portraits Value Questionnaire«. Zeitschrift für Sozialpsychologie, 38(4), 261–275.

Schmidtchen, G. (1973). Gottesdienst in einer rationalen Welt: Religionssoziologische Untersuchungen im Bereich der VELKD. Stuttgart: Calwer Verlag.

Schneekloth, U. & Albert, M. (2019). Jugend und Politik. In Shell (Hrsg.), Jugend 2019 (S. 47–101). Weinheim: Beltz.

Schütz, A. & Luckmann, T. (1984). Strukturen der Lebenswelt, Bd. 2. Frankfurt/M.: Suhrkamp.

Schwartz, S. H. (1992). Universals in the content and structure of values. Theoretical advances and empirical tests in 20 countries. Advances in Experimental Social Psychology, 25, 1–65.

Schwartz, S. H., Cieciuch, J., Vecchione, M., Davidov, E., Fischer, R., Beierlein, C., Ramos, A., Verkasalo, M., Lönnqvist, J.-E., Demirutku, K., Konty, M. & Dirilen-Gumus, O. (2012). Refining the theory of basic individual values. Journal of Personality and Social Psychology, 103 (4), 663–688.

Schweitzer, F. (1999). Autonomie ohne Religion – Religion ohne Autonomie? Religiöse Autonomie in strukturgenetischer Sicht. In W. Althof, F. Baeriswyl & K. H. Reich (Hrsg.), Autonomie und Entwicklung (S. 301–328). Freiburg, Schweiz: Universitätsverlag Freiburg.

Schweitzer, F., Wissner, G., Bohner, A., Nowack, R., Gronover, M. & Boschki, R. (2018). Jugend – Glaube – Religion: Eine Repräsentativstudie zu Jugendlichen im Religions- und Ethikunterricht. Münster: Waxmann.

Schwöbel, C. (2005). Theologie. In H. D. Betz, D. S. Browning, B. Janowski & E. Jüngel (Hrsg.), Religion in Geschichte und Gegenwart (Bd. 8, Sp. 255–306). Tübingen: Mohr.

Slenczka, N. (2014). »Sich schämen«: Zum Sinn und theologischen Ertrag einer Phänomenologie negativer Selbstverhältnisse. In C. Richter, B. Dressler & J. Lauster (Hrsg.), Dogmatik im Diskurs (S. 241–261). Leipzig: EVA.

Shell/Jugendwerk der Deutschen Shell (Hrsg.) (1953). Jugend: Zwischen 15 und 24. Eine Untersuchung zur Situation der deutschen Jugend im Bundesgebiet. Bielefeld: Emnid-Institut für Meinungsforschung.

Shell/Jugendwerk der Deutschen Shell (Hrsg.) (1967, 2. Aufl.). Jugend: Bildung und Freizeit. Bielefeld: EMNID-Institut für Sozialforschung.

Shell/Jugendwerk der Deutschen Shell (Hrsg.) (1975). Jugend zwischen 13 und 24: Vergleich über 20 Jahre, Bd. 3: Kommentar. o. O.

Shell/Jugendwerk der Deutschen Shell (Hrsg.) (1981). Jugend '81: Lebensentwürfe – Alltagskulturen – Zukunftsbilder, Bd. 3. Hamburg: Jugendwerk der Deutschen Shell.

Shell/Shell Deutschland Holding (Hrsg.) (2015). Jugend 2015: Eine pragmatische Generation im Aufbruch. Frankfurt: Fischer.

Shell/Shell Deutschland Holding (Hrsg.) (2019). Jugend 2019: Eine Generation meldet sich zu Wort. Weinheim: Beltz.

Shils, E. (1981). Tradition. Chicago: University of Chicago Press.

Smith, C. (2003). Theorizing religious effects among American adolescents. Journal for the Scientific Study of Religion, 42 (1), 17–30.

Smith, J. M. & Cragun, R. T. (2019). Mapping religion's other: A review of the Study of nonreligion and secularity. Journal for the Scientific Study of Religion, 58 (2), 319–335.

Spellerberg, A. (1996). Soziale Differenzierung durch Lebensstile. Berlin: Edition Sigma.

Spiegel, B. (1961). Die Struktur der Meinungsverteilung im sozialen Feld. Das psychologische Marktmodell. Bern: Huber.

Spilka, B., Shaver, P. R. & Kirkpatrick, L. A. (1985). A general atttribution theory for the psychology of religion. Journal for the Scientific Study of Religion, 24 (1), 1–20.

Stefan, M. (2009). Religiöse Erklärungsweisen und deren Rationalität. Zeitschrift für katholische Theologie, 131, 280–299.

Steinberg, L. (2008). A social neuroscience perspective on adolescent risk-taking. Developmental Review, 28 (1), 78–106.

Streib, H. (1994). Erzählte Zeit als Ermöglichung von Identität: Paul Ricoeurs Begriff der narrativen Identität und seine Implikationen für die religionspädagogische Rede von Identität und Bildung. In D. Georgi, M. Moxter & H.-G. Heimbrock (Hrsg.), Religion und Gestaltung der Zeit (S. 180–215). Kampen: Kok Pharos.

Streib, H. (2001). Faith development theory revisited: The religious styles perspective. International Journal for the Psychology of Religion, 11 (3), 143–158.

Streib, H. (2003). Religion as a question of style: Revising the structural differentiation of religion from the perspective of the analysis of the contemporary pluralistic-religious situation. International Journal of Practical Theology, 7, 1–23.

Streib, H. (2014). Was bedeutet »Spiritualität« im Jugendalter? In V.-J. Dieterich, M. Rothgangel & T. Schlag (Hrsg.), »Dann müsste ja in uns allen ein Stück Paradies stecken«: Anthropologie und Jugendtheologie (S. 82–90). Stuttgart: Calwer.

Streib, H. & Gennerich, C. (2011). Jugend und Religion. München: Juventa.

Streib, H. & Klein, C. (2018). Operationalisierung von Spiritualität im Vergleich Deutschland – USA. In G. Juckel, K. Hoffmann & H. Walach (Hrsg.), Spirituelle

Aspekte von Psychiatrie und Psychotherapie (S. 251–266). Lengerich: Pabst Science Publishers.

Sundén, H. (1966). Die Religion und die Rollen: Eine psychologische Untersuchung der Frömmigkeit. Berlin: Töpelmann.

Szczesniak, M., Bielecka, G., Bajkowska, I., Czaprowska, A. & Madej, D. (2019). Religious/spiritual struggles and life satisfaction among young Roman Catholics: The mediating role of gratitude. Religions, 10 (6), 395. Online verfügbar unter: https://doi.org/10.3390/rel10060395.

Tamir, M., Schwartz, S. H., Cieciuch, J., Riediger, M., Torres, C., Scollon, C., Dzokoto, V., Zhou, X. & Vishkin, A. (2016). Desired emotions across cultures: A value-based account. Journal of Personality and Social Psychology, 111 (1), 67–82.

Tangney, J. P (1998). How does guilt differ from shame? In J. Bybee (Ed.), Guilt and children (S. 1–17). San Diego: Academic Press.

Taylor, S.E. (1983). Adjustment to threatening events: A theory of cognitive adaptation. American Psychologist, 38 (11), 1161–1173.

Tillich, P. (1957). Dynamics of faith. New York: Harper & Row.

Tillich, P. (1958). Systematische Theologie, Bd. I. Stuttgart: Evangelisches Verlagswerk.

Tillich, P. (1966). Systematische Theologie, Bd. III. Stuttgart: Evangelisches Verlagswerk.

Ulich, D. (1984). Psychologie der Hoffnung. Zeitschrift für personenzentrierte Psychologie und Psychotherapie, 3, 375–385.

Vail, K. E., Rothschild, Z. K., Weise, D. R., Solomon, S., Pyszczynski, T. & Greenberg, J. (2010). A terror management analysis of the psychological functions of religion. Personality and Social Psychology Review, 14, 84–94.

Vallacher, R. R. & Wegner, D. M. (1987). What do people think they're doing? Action identification and human behavior. Psychological Review, 94 (1), 3–15.

Verburg, W. (2021). Inklusion religiöser Differenz: Voraussetzung und Vollzug interreligiösen Begegnungslernens in der Schule. In C. Espelage, H. Mohagheghi & M. Schober (Hrsg.), Interreligiöse Öffnung durch Begegnung (S. 237–251). Hildesheim: Universitätsverlag Hildesheim und Georg Olms Verlag.

Vishkin, A. & Tamir, M. (2020). Fear not: Religion and emotion regulation in coping with existential concerns. In K. E. Vail III & C. Routledge (Eds.), The science of religion, spirituality, and existentialism (S. 325–338). Oxford, UK: Elsevier.

Vishkin, A., Bigman, Y. E. & Tamir, M. (2014). Religion, emotion regulation, and well-being. In C. Kim-Prieto (Ed.), Religion and spirituality across cultures (S. 247–269). New York: Springer.

Vishkin, A., Bigman, Y. E., Porat, R., Solak, N., Halperin, E. & Tamir, M. (2016). God rest our hearts: Religiosity and cognitive reappraisal. Emotion, 16 (2), 252–262.

Vishkin, A., Ben-Nun Bloom, P., Schwartz, S. H., Solak, N. & Tamir, M. (2019). Religiosity and emotion regulation. Journal of Cross-Cultural Psychology, 50 (9), 1050–1074.

Vishkin, A., Schwartz, S. H., Ben-Nun Bloom, P., Solak, N. & Tamir, M. (2020). Religiosity and desired emotions: Belief maintenance or prosocial facilitation. Personality and Social Psychology Bulletin, 46 (7), 1090–1106.

Vogelgesang, W. (2006). Religiöse Segregation und soziale Distanzierung – dargestellt am Beispiel einer Baptistengemeinde zugewanderter Spätaussiedler. In S. Ipsen-Peitzmeier & M. Kaiser (Hrsg.), Zuhause fremd – Russlanddeutsche zwischen Russland und Deutschland (S. 151–169). Bielefeld: transcript.

Volling, B. L., Kennedy, D. E. & Jackey, L. M. H. (2010). The development of sibling jealousy. In S. L. Hart & M. Legerstee (Eds.), Handbook of jealousy: Theory, research, and multidisciplinary approaches (S. 387–417). Chichester: Wiley-Blackwell.

Walter, U., Schneider, N. & Bisson, S. (2006). Krankheitslast und Gesundheit im Alter. Bundesgesundheitsblatt – Gesundheitsforschung – Gesundheitsschutz, 49, 537–546.

Watts, F. (2007). Emotion regulation and religion. In J. J. Gross (Ed.), Handbook of emotion regulation (S. 504–520). New York: Guilford Press.

Webber, D., Schimel, J., Faucher, E. H., Hayes, J., Zhang, R. & Martens, A. (2015). Emotion as a necessary component of threat-induced death thought accessibility and defensive compensation. Motivation and Emotion, 39, 142–155.

Wegenast, K. (2002). Tradition VII. Praktisch-theologisch. In G. Müller (Hrsg.), Theologische Realenzyklopädie (Bd. 33, S. 725–732). Berlin: de Gruyter.

Weick, K. E. (1995). Sensemaking in organizations. Thousand Oaks, CA: SAGE Publications.

Weiss, D. (2022). Resilienzförderung im Religionsunterricht am SBBZ ESENT. Ludwigsburg: Unveröffentlichte Bachelorarbeit an der Pädagogischen Hochschule Ludwigsburg.

Welzel, C. (2010). How selfish are self-expression values? A civicness test. Journal of Cross-Cultural Psychology, 41 (2), 152–174.

Wensierski, H.-J. v. & Lübcke, C. (2013). Jugend, Jugendkultur und radikaler Islam – Gewaltbereite und islamistische Erscheinungsformen unter jungen Musliminnen und Muslimen in Deutschland. In M. Herding (Hrsg.), Radikaler Islam im Jugendalter: Erscheinungsformen, Ursachen und Kontexte (S. 57–78). Halle (Saale): Deutsches Jugendinstitut. Online verfügbar unter: http://www.dji.de/

fileadmin/user_upload/bibs2014/1461_DJI_RadikalerIslam.pdf (Abruf: 23.06. 2017).

Wertenbruch, M. & Röttger-Rössler, B. (2011). Emotionsethnologische Untersuchungen zu Scham und Beschämung in der Schule. Zeitschrift für Erziehungswissenschaft, 14, 241–257.

Wippermann, C. & Calmbach, M. (2007). Wie ticken Jugendliche? Sinus-Milieustudie U27. Düsseldorf: Verlag Haus Altenburg.

Wohlrab-Sahr, M. (2002). Konfessionslos gleich religionslos? In G. Doyé & H. Keßler (Hrsg.), Konfessionslos und religiös (S. 11–27). Leipzig: Leipziger Verlagsanstalt.

Wolfert, S. & Quenzel, G. (2019). Vielfalt jugendlicher Lebenswelten: Familie, Partnerschaft, Religion und Freundschaft. In Shell Deutschland Holding (Hrsg.), Jugend 2019: Eine Generation meldet sich zu Wort (S. 133–161). Weinheim: Beltz.

Yates, M. & Youniss, J. (1996). Community service and political-moral identity in adolescents. Journal of Research on Adolescence, 6 (3), 271–284.

Ziebertz H.-G. & Benzing, T. (2012). Menschenrechte: Trotz oder wegen Religion? Münster: Lit.

Ziebertz, H.-G. & Riegel, U. (2008). Letzte Sicherheiten: Eine empirische Untersuchung zu den Weltbildern Jugendlicher. Gütersloh: Gütersloher Verlagshaus.